実践労働組合講座 第3巻

地域労働運動と新しい共同

全労連・労働者教育協会 編

学習の友社

「実践労働組合講座」刊行にあたって

労働組合の強化と発展をめざして、「実践労働組合講座」全3巻を刊行します。

第1巻は「労働組合の活性化と日常活動」をテーマに、労働組合強化に向けた日常活動のすすめ方、労働組合の実践から学ぶ日常活動のヒント（日常活動の視点、組織拡大・強化のすすめ、要求実現に向けて、社会を変える）、職場からの労働組合運動強化のポイントを学びます。

第2巻は「労働者の権利と労働法・社会保障」をテーマに、労働者・労働組合の権利と憲法、労働組合の権利、人間らしく働くための権利、生存権と社会保障について学びます。

第3巻は「地域労働運動と新しい共同」をテーマに、地域労働運動の歩みと到達、地域労働運動の課題と政策の視点を学びます。座談会「草の根から地域労働運動をいかに強化・前進させるのか」も収録しています。

この講座は、2015年6月からはじまる全労連「労働組合入門わくわく講座」（全労連初級教育制度）の参考書になり、労働組合活動にとりくむ役員、活動家にとっても役に立つものをめざしています。これまでの労働組合活動のさまざまな実践をふまえて、労働組合活動の基本を理解し、実践活動へのヒントになる内容とするよう努力してまとめました。

私たちは、健康で人間らしくやりがいを持って働きたい、人間らしく生活したいと願っています。この思いを実現するために労働者は、労働組合に団結してたたかうことが必要です。

労働組合の団結した力はすごいものです。職場と地域を変え、社会を変える力があるのです。本書でそのことを学んでいただけることを期待しています。

2015年6月　「実践労働組合講座」編集委員会

もくじ

カバーデザイン　西村　織愛
イラスト　天野勢津子

【凡例】

本書では、わかりやすくするために、次の用語を用いています。

（1）「地方」「地域」については、「中央」に対置する意味での用法とともに、労働組合の位置や活動の場として、都道府県を「地方」「地方組織」、複数または単独の市町村レベルを「地域」「地域組織」と表記しています。

（2）「労働運動」は、労働組合運動だけでなく、労働者階級がかかわる社会運動全体をさす広い概念として用い、労働組合が関わるものについてはできるだけ「労働組合運動」と表記しました。「地域運動」は一般的に地域における社会的な運動を意味し、労働組合が関与する地域的な運動については「地域労働運動」と表記しています。こうした用語は、文意・文脈に応じて用いており、必ずしも全体を統一した概念ではありません。

（3）「地域組織」は、地域における労働組合の連合体（厳密には「協議体」を含む）を一般的に意味しており、全労連傘下の地域組織については、個々の名称にかかわらず「地域組織」または「地域労連」と表記しています。なお、「地域労組」は、地域合同労組を含めた地域における個人加盟の労働組合（いわゆるローカルユニオン）を意味しています。

（4）文中のいくつか説明を要すると思われる事項については、関連する箇所に「脚注」を付しています。

はじめに

全労連（全国労働組合総連合）運動の最大の特徴は、「産業別の全国組合の地方組織と、都道府県別の組織が、地域を主戦場に、要求の一致点での統一したとりくみを具体化して社会的な影響力ある運動をつくり出し、労働者の切実な要求実現の展望を切り開く運動スタイル」だといえます。

「日本の労働組合運動の積極的なたたかいの伝統」を引き継ぎながら、「産業別のたたかいと地域のたたかいを結合して全国的な運動を展開」し、「労働者・国民各階層の要求実現」のたたかいを前進させることをめざすと宣言している全労連行動綱領（「希望に輝く未来のために」）を実践することが、きびしい運動の現状を克服する道です。

日本の労働運動の特徴でもあり弱点でもある「企業別労働組合」の限界を乗り越えていくためにも、地域を主戦場とする運動の重視が重要です。

●求められる要求の一致点での運動

地域の運動は地方組織や地域組織の課題であって、産別組織はいいところ「地域の運動への結集を呼びかけるだけ」という実態は、全労連結成から四半世紀を経過しても、大きく変化していないと言わざるを得ません。

しかし、地域運動で全国課題にとりくむことを経験し、その重要性とそれが持つ力を実感することは少なくありません。

最近でも、戦争法制（安保法制）に反対するたたかいで、国会前の行動と地域のとりくみが呼応して、市民の運動が政治を動かす画期的なたたかいがつくり出されました。

労働者の働き方、暮らしは社会全体の状況と無関係ではありません。例えば、子どもが生まれてからも働き続けたいと願っても、安心して任せられる保育施設が充実していなければ、その要求の実現は困難です。要求は企業内では解決せず、地域から保育制度の現状とも向きあった運動づくりが不可欠です。地域運動と労働組合がつながりあうことで、制度改善をめざす全国的な運動を前進させた課題は少なくありません。

要求の一致点での地域運動で、積極的な役割を担うことは労働組合の重要な役割です。要求をもとにその点をくり返し確認することが必要です。

●連合と全労連の運動スタイルの違いが鮮明に

一方のナショナルセンター・連合（日本労働組合総連合会）は、経済のグローバル化が進行するもとで、激化する多国籍企業間の競争に勝ち抜くことを重視する企業をおもんばかり、大企業の労働組合を中心に、個別企業内の運動に力点を置いたままです。

例えば連合は、2011年の東日本大震災も契機に高まってきた市民運動、戦争する国づくり反対や原発ゼロの日本をめざす課題で、市民運動との連携をとることには消極的です。軍需産業や原発メーカー、電力会社などの大企業労働組合との調整が難しいことが一因です。

沖縄・名護市辺野古沖への米軍新基地建設反対のたたかいでも、沖縄県の組織のとりくみ任せで、全国的な運動に発展させるための旗を振ってはいません。

そのことの反射効で、全労連への期待が高まり、さまざまな分野の市民運動との共同が日々前進し続けています。例えば、戦争法案の廃案を求めてたたかわれた２０１５年５月から９月の間の運動を全労連の地方・地域の組織が全国各地で支えたことは、歴史的であり、画期的な意義がありました。

●地域組織の努力とこれからの課題

全労連は２０１３年10月に、「地域の運動と組織の強化をめざす全国交流集会」を開催しました。

そこでは、「戦争する国への回帰」と「世界で一番企業が活動しやすい国づくり」という「二つの暴走政治」を強める第２次安倍政権と対決する地域組織の奮闘がいきいきと報告されました。

同時に、４６０の地域労連等のうち、機関会議がもたれ、役員が定期的に選出されている地域組織（準備会含む）は４３３で、27が休眠状態にあることや、高まる期待に応えられる財政、役員、体制が必ずしも十分ではないこと、次代を担う活動家の確保と育成の困難さなどの悩みも赤裸々に語られました。

地域組織の持つ人的、財政的な脆弱性は、かつての総評（日本労働組合総評議会）の時代にも早くから問題となっていた「旧くて新しい課題」です。そのような困難を、サポーター制度や共済活動との連携、あるいはローカルユニオンの活動活性化などによって克服する努力が積み重ねられていることも語られました。また、人、財政を支える地域の産別組織への期待も強く出されました。最初に述べた全労連運動の特徴を地域で実践する論議と努力が求められているのです。

全労連運動の中での地域組織の役割は、①地域にある単産の労働組合などの相互の交流、たたかいの支援、共闘（例えば、○○企業の工場閉鎖反対のたたかい）を組織すること、②地域での労働者要求にもとづく運動（例えば、公契約条例制定運動）にとりくみ、組織的前進をめざすこと、③地域での住民要求（例えば、待機児童解消や学校統廃合反対のとりくみ）にもとづく民主団体や市民団体などと共同した対自治体要求運動に労働者の参加を組織すること、④全労連が提起する全国的な運動（例えば、労働法制改悪反対での宣伝行動、学習会や春闘山場での統一行動の実施）の地域での具体化にとりくむこと、の4点に置いています。以下、労働者と地域組織をとりまく現状、これからの地域運動の課題について、述べていきます。

第1章　変容する雇用状況のもとでの地域運動

1　全労連の地域組織の現状

２０１５年７月時点の全労連の組織現勢（全労連組織局調）を見ると、地域労連だけに加盟している組合員は７万３４３２人です。

近年の最高時、２０１０年６月時点の８万７８２４人と比べると１万４３９２人（16・38％）減少しています。全労連全体も、この間、減少傾向に歯止めをかけることができてはいませんが、地域労連加盟だけの組合員の減少率は同じ期間の全体の減少率（９・４％）を上回っており、地域での組織化運動の困難さが相対的に高いことを伺わせています。

全労連は第20回定期大会（02年7月）で、未組織労働者組織化の地域での受け皿として、ローカルユニオン（地域労組）結成を方針化しています。

２００８年のリーマンショック直後には、「非正規切り」に対するたたかいの高揚も受け、地域の未組織労働者（その多くは非正規労働者）の組織化の担い手、労働組合の入口としてのローカルユニオンへの期待が一気に高まりました。直近では、「ブラック企業」など労働者使い捨ての企業の蔓延もあって、その役割が再確認されています。

２０１５年6月時点で、43地方組織（都道府県組織）に１７７のローカルユニオンが結成され、９５８２人が結集しています。一部には、産業別組織の地方支部の形態をとっているものもありますが、多くは、産業や企業の枠を越えて一人で加入する合同労組です。労働相談などを通じて組織拡大にとりくんでいるのが一般的です。

●こんな努力がされている

全労連の発行している『月刊全労連』での連載企画（ただいま奮闘中・地域労連）への寄稿からも、地域組織の運動の一端を垣間見ることができます。

①１９８９年11月、全労連結成と同時にスタートした新宿区労連（東京）は、雇用流動化をめざすとした財界の21世紀戦略「新時代の『日本的経営』」に目をむけ、２０００年11月に「全労連・新宿一般労働組合」（新宿一般）を立ち上げています。ローカルユニオンである新宿一般は、２０１０年に、新宿区労連での論議も経て、専従者を配置しました。組合員と協力組合員（区労連加盟組合からの二重加盟など）で構成する新宿一般は、組

合員拡大特別期間などを設け、2013年には500人の組合員を突破しました。日常的には、労働相談を活動の中心に置くとともに、月1回の「最低賃金引き上げアピール行動」を実施するなど、非正規・未組織労働者に焦点を当てたとりくみを行っています。

②新居浜労連（愛媛）は、他の民主団体も入居する「民主センター」に事務所があるという「地の利」も活かし、国民、住民運動の地域センターとしての役割を発揮しています。「にいはま憲法9条を守る市民の会」の事務局を担うとともに、「TPPを考える」シンポジウムを医師会や農協の支援も得て開催しました。また、「伊方原発再稼働反対」などの住民要求で、新居浜市への要請などにとりくんでいます。

さらに、「反貧困ネットワークえひめ」のとりくみに参加して、夜回りや生活相談に協力するなど、住民運動でも重要な役割を発揮しています。

③草加・八潮地区労協（埼玉）は、1989年の労線再編を回避し、統一を維持し続けた地域組織です。2012年5月に、「草加公契約適正化実行委員会」を労働組合中心に結成し、条例制定運動を継続的に実施して、2014年9月の草加市議会で公契約基本条例の制定をかちとりました。従前からの緩やかな協議体としての性格を活かし、要求の一致点での運動と住民共同を重視した成果だと報告されています。

④東大阪労連（大阪）は、毎年のメーデー前夜祭で寸劇を取り入れ、文化活動を通して若い世代との接触の機会を増やし、労働運動への関心を高めています。メーデー前夜祭には、労働組合のみならず、市民団体からの参加もあり、準備段階では高校生も招いた演劇ワークショップを開催するなど、地域労連の活動の中心に文化活動を位置づけています。

2 「地域」から見た労働者をとりまく情勢

１９９０年代半ばを転機に、労働者の働き方、働かせ方が大きく変化しました。日本的労使関係の特徴といわれた終身雇用、年功賃金の雇用慣行が企業によって一方的に変更され、それを労働者派遣法の原則自由化（１９９９年）などの制度的、政策的な面で政府が後押ししたからです。

従前から終身雇用は大企業と公務の雇用慣行、という声がなかったわけではありません。男性正社員が正規雇用で世帯収入の中心を担い、女性の就労を家計補助的に位置づける雇用慣行は、戦後の高度成長期にかたちづくられたものです。

労働基準法などの法制度ではありませんが、年金などの社会保障制度や保育、学校教育などの雇用周辺の仕組みの形成、さらには労使紛争にかかわる判例（例えば、整理解雇の四要件）にも大きな影響を及ぼしてきた「社会的慣行」であることは否めません。

日本型労使関係の特徴といわれる企業内組合も、そのような雇用慣行や企業内福祉の存在を抜きには成立しえなかったといえますし、理解することも困難です。

●非正規雇用労働者の増加

それが、１９９５年5月の「新時代の『日本的経営』」（日経連＝日本経営者連盟、のちに経団連＝経済団体連合会に合流）も契機に、パートや有期契約、派遣などの非正規労働者が急増し雇用慣行が大きく変化したのが、この20年間でした。1995年に988万人（20・8％）であった非正規労働者は、2015年には1956万人（37・6％）と倍増しています（いずれも1～3月時点）。

ちなみに、日本の労働組合の組合員数のピークは1994年の1270万人でした。組織率と同時に組織人員も減少し始めた時期と、非正規労働者が増加し始めた時期が一致するのは、決して偶然とは思えません。

「就業構造基本調査」（総務省）の2007年と2012年を比較すると、すべての都道府県で非正規労働者率が増加しています。沖縄県、鹿児島県と北海道、大阪府、京都府、福岡県では非正規労働者の比率が40％を超えていること、大都市圏以外での非正規労働者の増加が著しいこと、非正規労働者率と若者の非正規労働者率に正比例の関係が伺えることなどが、目につきます。卒業後に最初に就く仕事が非正規雇用ということは、地方を中心に、まれなことではなくなっているのです。

●産業構造の変化と「雇用の二極化」

地方・地域の産業構造も変化しています。例えば、北陸及び四国地域では、1990年代と比べ、農林水産業などの第1次産業と製造業、建設業などの第2次産業が減少しています。その一方でサービス業などの第3次産業の比率が高まっています。

製造業だけを見ても、北陸では、食料品製造などの生活関連型の比率が減少し、電気機械器具製造などの加工組立型の比率が高まっています。四国では、生活関連型の比率減少に加え加工組立型も減少し、石油製品製造や非鉄金属製造などの基礎素材型の比率が高まっています。10年単位で見ても、製造業内の比率の変化は顕著で、短期間に工場等を移動させる企業が増えていることを伺わせています（内閣府「地域経済２０１１」）。

これらの雇用と産業構造の変化のもとでも、見落とせないことがあります。製造業における「高卒、生産現場、一般労働者」の勤続年数の平均を１９９５年と２０１４年で比べると、２０１４年の時点の年数が伸びています。企業規模計では11・５年（１９９５年）から13・３年（２０１４年）に、「１００人から９９９人規模企業」でも10・８年（１９９５年）から13・３年（２０１４年）に平均勤続年数が伸びているのです（厚生労働省「賃金構造基本統計調査」）。

製造業では、新たに増えた仕事や非熟練でも可能な仕事などを派遣や期間工など非正規労働者に置き換えてはいますが、一方で正規労働者を意味する一般労働者を「基幹労働者」として長期勤続を維持している現実もあるということです。「雇用の二極化」が、企業の中でも起きていると推測されます。

この二極化の固定化、雇用形態による「身分差別」といえる事態の広がりと成果主義の強まりが、過労死や不払い残業、あるいはハラスメントの深刻化という今日的な問題を引き起こす温床となっています。

●雇用移動型政策への転換

厚生労働省「雇用管理調査」によれば、終身雇用慣行を「重視する」との回答は31・

8％（1993年）から8・5％（2002年）に大きく減っています（企業規模計）。その分「どちらともいえない」との回答が増えています。

企業は景気動向や企業業績などを見つつ、雇用形態を次第に変化させてきています。

第2次安倍政権になって、雇用調整助成金の漸減や労働者派遣法の大改悪などに見られるように、雇用維持重視の政策から雇用移動型に政策転換がすすめられています。

このことが、景気の調整弁としての非正規労働者をさらに増やすと同時に、限定正社員制度の広がりにも見られるように、「一般労働者」の雇用慣行をも流動化させる危険性を含んだ動きとなっていくことが懸念されます。第2の「新時代の『日本的経営』」への路線転換が、いま始まろうとしているといえるかもしれません。

世界的規模で強まっている多国籍企業間の競争に日本籍企業が勝ち抜くための「ヒト、モノ、カネ」の集中と再編を、成長戦略の名で、政府・財界あげてすすめようとしていることの労働者への影響が表面化するのはこれからです。

●誤った「生涯雇用社会」への道

非正規雇用労働者の増加は、年代では15～24歳と55～64歳で、性別では女性で顕著です。若年層での非正規雇用の多くは「パート・アルバイト」であり、就学中の就労を含んでいること、踏み込んでいえば一部の産業、業態では、アルバイトが労働の中心的な担い手になっている実際があります。店長はパートもしくは有期雇用の非正規労働者、その他はアルバイトというファストフード店の実態が労働相談からも明らかになっています。

55歳以上の男性で、嘱託での就労が急増します。近年、再雇用による同一企業での就労継続の増加が影響しているものと考えられます。

女性では、35歳から65歳の年齢層でのパート雇用が圧倒的多数です。この点での「日本型経営」は微動もしていません。

男女とも65歳以上の「パート、アルバイト」での就労が増え続けています。貧弱な社会保障制度の影響が大きいと考えられます。

ここにきて安倍政権は、「女性、高齢者が活躍する『1億総活躍社会』」を強調し始めています。その実際は、これまでも進行してきた専業主婦層や65歳以上の高齢者の労働市場への誘導を強め、非正規雇用で就労させ、社会保障給付の削減を伴う誤った意味での「生涯雇用社会」をねらっているのです。

沖縄県では、非正規労働者の割合が5割を超えた、と報告されています。地域で、不安定雇用がさらに増えて、貧困と格差などの社会問題がさらに激化し、対立・分断が深刻化することが避け難い動きになっています。

●地域産業構造の特性を踏まえた要求運動を

２０１３年の「賃金構造基本統計調査」をもとに、職種別の平均年齢を見てみると、タクシー運転手（58・4歳）、大学教授（57・0歳）、守衛（56・9歳）などの順になっています。「労働力調査」によれば２０１２年の時点で、女性の81・３％は第3次産業に従事しています。

2014年の「労働経済白書」によれば、非正規雇用で働く理由を「正社員として働ける会社がなかったから」とする不本意非正規労働者が多い職業は販売従事者、サービス職業従事者だとしています。一方で、「非正規雇用から正規雇用へと移行しやすい職業」は、営業職、看護師、自動車運転従事者など有資格者やスキルが求められる業種、職種だとしています。第3次産業でも、無資格職種での正社員化はかなりの困難を伴っており、そのような職業、職種が増加しているのも事実です。

地域での非正規労働者の組織化や、地方自治体などへの要求運動をすすめる際に、地域産業構造などの特性を見ることが、いよいよ大切になっています。一方で、女性や高齢者の非正規労働の増加に対応した産業別の雇用政策、労働者要求の取りまとめなどでの産業別組合の役割も再確認されなければなりません。

要求づくりの段階から、単産組織と地域組織が知恵を寄せあわなければならない時代を迎えているのです。

3 労働者への悪影響が懸念される地域経済の疲弊

●「地方創生」の名ですすめられる「集中と選択」

2014年5月に公表された日本創生会議・人口減少問題検討分科会の推計による「消滅可能性896自治体」という数字は、日本社会に大きな衝撃を与えました。

2010年の「国勢調査」をもとにした試算で、2040年の時点で20歳～30歳の女性人口が半減する自治体を「消滅可能性都市（自治体）」と規定することの乱暴さには驚きますが、同時に、少子化が急速にすすむ自治体の持続可能性を高めることの緊急性も考えさせられる数字でした。

90年代初めの頃から、65歳以上人口が50％以上の地域を「限界集落」と規定する動きもあります。集落の自治、生活道路の管理、冠婚葬祭など、共同体としての機能が急速に低下し、就学児童などが存在しない地域は、やがて消滅に向かうと指摘されています。人口が減少し、高齢者ばかりになった地域で、サルやイノシシといった獣が闊歩して住民を追い出す勢いだという、笑い話にもならない現実も報告されています。

内閣府の調査では、都道府県別に見た２０４０年の高齢化率（人口に占める65歳以上の比率）は、秋田県の43・８％をトップにすべてが30％を超えるとされ、大都市圏の東京都でも33・５％に達すると推計されています。限定された地域、自治体の問題ではなく、高齢化は日本全体の問題になろうとしています。

幸い、全労連には、産業別組合とみなし、旺盛な活動を展開している年金者組合が存在しています。この先駆性を活かした地域運動の新たな領域での教訓づくりが求められています。

安倍政権が２０１４年から開始した政策・「地方創生」は、このような人口動態の変化の予測を逆手にとった「集中と選択」の政策です。

東京など大都市部へのインフラ整備などの投資を加速させて都市機能を高め、地方の中核都市を「コンパクトシティ」と位置づけ、周辺地域からの人口移動の受け皿にしようという構想です。

「限界集落」とされる地域に特別介護老人施設をつくるより、複数の「限界集落」の核となる地域に施設を建設して住民の移動を促す方が経済的合理性が高い、という新自由主義の考え方です。

経済のグローバル化がすすみ、国際的な競争に勝ち抜ける多国籍企業の活動を政策や財政面で支援するためにも、地方・地域への国の投資や施策は限定し、自治体の自立を迫ることで対処しようという新自由主義的な考え方に立脚しています。

●アベノミクスですすむ自治体間格差

「地方創生」という政策は、「世界で一番企業が活動しやすい国」をめざす経済政策・アベノミクスと表裏の関係です。

アベノミクスが開始された２０１２年を契機に、自治体間の平均所得が拡大し始めていることを「毎日新聞」（２０１５年4月17日付）が解説しています。「市町村課税状況等の調」（総務省）をもとに、２００４年から13年の10年間のジニ係数を比較した結果だとしています。地域に与える国の政策の影響の大きさを伺わせるものです。

「人口動態調査」（総務省）によると、２０１５年1月時点で、日本の総人口は前年比で０・21％（27万人）減少しています。増加しているのは東京都、沖縄県、埼玉県、神奈川県、愛知県、千葉県の6都県で、その他の41道府県はいずれも減少しています。全国平均を上回って減少している道府県も37にのぼり、東京など大都市圏への人口移動による「社会的人口減」と死者数から出生数を引いた自然減が同時に進行している状況が浮かび上がっています。地域別に見ても、町村の88％、市区の77％で人口が減少しています。

人口動態が経済活動のすべてを規定するとはいえませんが、それでも、地域の産業構造、労働力人口、自治体の税収などさまざまな影響が想定されることも事実です。放置しておけば、地域間の経済格差を加速度的に拡大することは確実です。国の産業政策や富の再配分のあり方は、これまで以上に大きな課題となっていくのです。全国的な意思統一と地域からの運動の強化が求められる喫緊の課題です。

●グローバル化時代に即した新たな企業規制

日本からの輸出額も、対外直接投資も２０００年代に入り急増しています。輸出額はほぼ倍増（約４０００億ドルから８０００億ドル）、直接投資は年ごとに大きく変動していますが、２０００年の約４００億ドルから２０１２年の１２００億ドルに3倍化しています。

このような経済活動の変化は、中小企業にも及んでおり、製品を海外に直接輸出する中小企業数は増加傾向にあり、海外に子会社を有する中小企業も増加しています。それらの多くは製造業で、中国、アジアへの輸出、進出が8割弱を占めています。

輸出などの増加は、企業の売り上げにはプラスの効果（良い影響、やや良い影響あわせて69・8％）を及ぼしていると受け止められているものの、国内雇用への影響は限定的（どちらともいえないが70・6％）な状況です（「中小企業白書２０１４」）。輸出が増えればいずれ国内経済にも「しずく」がしたたり落ちる、とは企業も見ていません。

製造業を中心とする生産拠点の海外移転が減少する状況にはありません。国内雇用等に対する企業の社会的責任の追及や、国内部品の調達割合を一定率以上に保たせること、国内の収益の海外移転の規制など、グローバル化時代に即した新たな企業規制の検討と地域からのたたかいが求められる課題です。

●中小零細企業の経営維持と地域での雇用確保

２００７年から２０１２年の「県民経済計算」（内閣府）を見ても、東京など関東地域が国内総生産の約4割を占め、中部、近畿地域をあわせると7割に達している状況は変化していません。関東ブロック全体の経済規模はイギリス一国と肩を並べ、東京都の経済規模は韓国に匹敵する経済規模です。

この「県民経済計算」をもとに、ニッセイ基礎研究所が推計したところでは、２０１０年度から20年度にかけての平均成長率は、東京都、沖縄県、滋賀県などが1％台で、全国平均（０・６％）を上回るのは、これらに神奈川、愛知などを加えた9都県にとどまります。地域間の経済格差がさらに拡大すると推測しているのです。

この格差拡大の深刻さを伺わせるのが、２０００年代に入り中小企業、小規模事業者とも減少し続けていることです。１９９９年に４８４万社あった中小企業は、２０１２年は３８５万社と約１００万社も減少しています（２０１２年「経済センサス」）。地域経済の担い手であり、労働者の7割が働く中小零細企業の経営の維持と活性化は、地域での雇用確保の課題であると同時に、新たな「一点共闘」の可能性を持った課題です。

4 転換期の地域運動の課題

2014年の年末、フランスの経済学者、トマ・ピケティ氏の著書『21世紀の資本』が大きな話題になりました。同氏によれば、資産保有の差による格差の拡大は資本主義の本質的なものであり、第2次世界大戦によって資産が廃棄された1940年代半ばからの30年間を除けば、貧富の格差の拡大は避け難い、と指摘しています。

その指摘が正しいとすれば、1970年代後半までの日本での高度成長期に一定達成されたといわれる全員雇用と連続した賃金上昇を背景とする「一億総中流」時代は、特別の時代状況であったといわなければなりません。

一歩ふみこめば、雇用が不安定化し、持てる者と持たざる者の格差が拡大し続ける現代こそ資本主義本来の姿であり、したがって労働者、労働組合のたたかいは持たざる者の団結の力で事態を攻勢的に変えていくたたかいの組織なくして前進しない、ということになります。

すでに述べたように、90年代半ば以降の労働者と地域をとりまく状況は、劇的に変化しています。その根底にむき出しの資本の論理が横たわっていることから目をそらしてはならないのです。

●地域運動の目標をどこに置くか

それでは、劇的に変化し始めている地域の中で、全労連の地域運動の目標をどこに置いたらよいのでしょうか。

全労連は、2013年10月の「地域の運動と組織の強化をめざす全国交流集会」で、次の点を提起しています。

❶現在ある460の地方組織の状況を可能な限り維持し、組合員に身近な地域に全労連運動を担う組織が存在させ、運動の実践を積み重ねる。

そのため、産別の基礎単位の各職場の労働組合が、近くの地域労連に結集し、応分の責任を果たすよう単産での論議と方針化を強める。

各地方組織は、地域労連と単産組織が共同してとりくむ要求闘争と組織拡大運動の一体的な展開の論議と方針化を強める。

財政基盤の確立を組織拡大で達成することを基本に、単産・地方組織の努力と年金者組合の地域運動への協力を呼びかける。

地域組織・地域労連で、全労連共済活動を位置づけた組織化拡大運動を活性化する。

「一人でも参加できるローカルユニオン」を地域における組織化運動の受け皿として積極的に位置づけ、その体制の確立を追求する。ローカルユニオンと単産（単産の個人加盟組織を含む）の「二重加盟」のあり様について検討をすすめ、単産と地域労連、ローカルユニオン双方の前進につなげる。

❷地域労連に結集する単産組織相互の交流、共同をより強め、運動を活性化させる。

地域労連の体制整備と機関会議等の定期的な開催を最低限の課題として実践する。

全労連の初級組合員教育（わくわく講座）を地域労連単位で実践、具体化する。

全国的な影響のある争議等について、全国課題と位置づけてとりくみ、労働運動の必要性を目に見えるかたちで世論に訴える。

春闘などの全国統一闘争で、地域から「単地一体」のとりくみを具体化する。

❸地域労連に対応する地方自治体などに向けた労働者、国民要求課題でのとりくみを、民主団体などと共同してすすめる。

公契約条例制定や最低賃金時給1000円実現に向け、地方自治体や中小零細企業や経営団体などへの要請行動を具体化する。

住民要求にもとづく共同のとりくみの前進に地域労連としての役割を発揮する中で、労働組合への信頼を高める。

文字にすればわずかですが、これらの「目標」を地域、地方、単産の各組織が共有し、さらに組合員段階までの合意を得ることは容易なことではありません。しかし、「目標」に向けてすすまなくては、労働者のさまざまな困難を乗り越えるたたかいを全国規模で組織し、政府や財界の攻撃とたたかう力を発揮することができないことも事実です。困難だがやらなければならない、脇に置くことができない「目標」なのです。

●労働組合の社会的影響力を高める

労働組合の社会的影響力の停滞がいわれて久しくなります。

一部に、ためにする議論がないわけではありませんが、企業が収益を労働者の雇用の安定や賃金に回さずに、株主配当や役員報酬への配分と内部留保蓄積に回していることに、有効な反撃ができていないことも事実です。

労働法学者の道幸哲也氏は、その著書『労働組合の変貌と労使関係法』の中で、労働組合弱体化の原因として、次の点を指摘しています。

①産業・就業構造の急激な変化に対応できなかったことである。企業内において非正規労働者の組織化を十分にはせず、企業を越えた産業別、地域における新組合の組織化がほとんどなされなかった。

②労務管理の個別化、能力主義化に対応できなかった。

③競争重視の観点からの個人主義化、能力主義化、市場原理の思考が蔓延し、規制緩和を目的とする労働ビッグバン構想がこれを助長した。

④株式会社観がもっぱら株主利益中心に変貌し、賃金はコスト、組合は効率化を阻害する「抵抗勢力」と見られがちであった。

このうち、③と④は、ある意味でのイデオロギーを伴うものです。労働者、労働組合の力を寄せあった反論、キャンペーンを国内だけでなく、国際的な運動としても展開しなければならない課題です。

一方で、①や②は、職場や地域の労働組合、第一線の運動の現場での課題でもあることはご理解いただけると思います。この点での労働運動の転換こそ課題であり、同じ課題を抱えている労働組合が地域で集まって論議し、知恵を寄せあうことで解決の道筋が見えてくる課題だと思います。特に①の課題についての地域運動の役割は、強調しすぎることはないほど緊急性の高い課題だと思います。

この点で、『アメリカの労働組合運動』（チャールズ・ウェザーズ著）に記されている次の一文は示唆的です。

「アメリカでは、1960年代に未曾有の社会運動がおこったのにもかかわらず、この運動から活力を得た労働組合は皆無に等しかった。大きな組合の大半が、活動家を疎ましく思い、当時盛んだった社会運動（反戦、公民権、農業労働者支援、フェミニズム、環境保護）への参加者を毛嫌いしたためである。組合は左翼系の運動なら何でも反対した。強烈な反共感情を持つ組合が多かったからである。」

「1990年代になると、AFL-CIOは一大変身をとげる。頑強な保守からまぎれもないリベラルへの転向だ。新生AFL-CIOは、低賃金労働者、マイノリティー、女性等への問題に力点を置き始め、移民受け入れ反対から移民政策の改革要求へと転換した。組合員の利益を守ることのみに終始していた今までの姿勢を変えて、全労働者の人権を守ろうとしたのだ。国際的な運動目標も転換して、労働者の権利擁護のためには、国境を越えた連携が必要だと唱導し始めた。」

「2013年のアメリカの労働組合の組織率は11・3％で日本より少ない」「一大変身の効果は出ていないのでは」――そんな声もあるかもしれません。しかし、時代とともに、労働者の状態の変化とともに労働組合の活動も変化する、その変化への挑戦こそ運動活性化のカギだという点で示唆に富んだ報告です。

●地域における組織戦略を

全労連は、ローカルユニオン（地域合同労組、コミュニティ・ユニオン）を地域運動の中に積極的に位置づけています。それは決して誤りではありませんが、集団的労使関係が基軸の日本の労使関係の中では、合同労組を異端のものと見る向きがないわけではありません。一部企業では、労使関係を認めようとせず、不当労働行為をくり返す場合さえあります。

その点で、労働法学者の西谷敏氏の著書『労働法』での、次の指摘は重要です。

「いずれの国においても、団結権の積極的承認が労働法の不可欠の柱をなしており、日本もその例外ではない。このことは、労働者の集団的利益の代表について、労働組合に第一義的重要性が置かれていることを意味する。」

「日本でも、近年、個々の労働者、特にパート・派遣などの非典型労働者や管理職などが地域ごとに結成する地域合同労組（コミュニティ・ユニオン）が注目されているが、その主たる機能は個々の労働者の権利、利益の擁護であり、労働条件決定過程への関与という点では大きな限界を持っている。」

ローカルユニオンは参加する個々の労働者の利益の擁護に活動の力点を置かざるを得ず、そこにとどまる限り、職場での「集団的利益」との対立が起きることも避け難いという含意です。

憲法28条の労働基本権が、労働者個々人の基本的人権として規定されている以上、どのような形態の労働組合を選択するのかは個々人の権利に属することです。問題は、職場の労働組合とローカルユニオンとの違いを踏まえ、その特徴を活かした運動や組織化の戦術を組み立てることです。

法政大学大原社会問題研究所の叢書「労働組合の組織拡大戦略」にある次の一文も示唆的です。

「SU※は実利を前面に出した組織戦略をとる。『したがってSUの要求、政策は、共済制度だとか、福利厚生だとか、スキルアップだとか、やはりメリットが前面に出てくる。そして個別団体交渉によって問題解決能力がある、そういう組合にしようと思っています。』」

※「SU」は埼労連加盟のローカルユニオン「全労連・埼玉ユニオン」の略称。

●もっとも困難な状況に置かれた労働者とともに

日本の労働運動の特徴を類型化したアメリカの労働経済学者・クラーク・カーによれば、

日本の零細企業での労使関係は、労働条件の決定が主として使用者側の一方的意見で決まる「全体的労使関係」であり、一般的な日本的労使関係は雇用主が親、雇用者が子といったような関係で企業内の労使関係が保たれている「親権的労使関係」だと規定しています。

１９６０年代の著書に引用されたものであり、かなり以前の分析です。しかし、そのような労使関係の基本は大きな変化がないまま、競争原理や人件費コストカットが最優先される新自由主義的な経営が蔓延してきたところに、労働現場でのさまざまな問題の噴出があります。

それは、一面で、企業内労使関係に「安住」し、企業内の労使関係を「○○一家」だと擬制し、労働組合内での論議を「一枚岩」の一言で一致点を見出そうとする労働組合の変化の遅れにも原因があるといえます。

この状況のうえに、①正社員を減らして非正規労働者によって代替させるという政策がさらに強められ、②「リストラ」という名の正社員の解雇・退職や、雇用調整のための出向・転籍を容易にする政策への転換が急がれ、③賃金、人事管理において、労働者の年齢・勤続年数という年功要素よりも、能力・成果を重視する旗振りを政治が行う、という安倍雇用改革がすすめられているのです。

そのような政策転換は、①労働法はすべての労働者に適用されること（労基法9条、労組法3条）、②人たるに値する労働条件が保障されるべきこと（労基法1条1項）、③不当な足止めや労働条件の一方的な決定は排除され、労働条件が近代化されるべきこと（労基法5条以下）、④労働時間は1日8時間の反復が基本であること（労基法32条）、⑤労働者を必要とする者はそれを直接雇用すべきこと（労基法６条、職安法44条）、⑥労働基本権はすべての労働者に保障されるべきこと（憲法28条）、などの労働法の基本を空洞化させることになりかねません。

しかし、労働組合が「親権的労使関係」に未練を持っていたのでは、その政策転換に有効に対抗することはできません。労働法の原則を大上段に振りかざすだけでは、現に、非正規雇用で首切りに怯える労働者の共感を得ることもできません。

もっとも困難で劣悪な状況に追いやられている労働者に働きかけ、たたかいを組織することに、もっと力を入れなければ、労働運動の明日は見えてきません。

その運動を組織する場が、地域です。「産業別の全国組合と、都道府県別の地方組織が、地域を主戦場にとりくみを具体化」する全労連運動の特徴を、いまこそ発揮しなければならないことの確認が必要です。

第2章 地域労働運動の課題と政策の視点
——激動する情勢と前進・発展する地域労働運動

1 地域組織と地域運動の発展

●地域からの実践が全労連の運動を発展させる力になってきた

1996年12月、全労連は地方・地域の運動強化とそれを担う地域組織を確立していくことを主たるテーマに、神戸で大規模な全国討論集会を開催しました。その基調報告は、次のように呼びかけています。

「全労連の規約は、産別組織と地方組織を加盟単位として明記し、対等の権利・義務を負うこととしています。このような組織構成を採用したのは、産別組織によるタテ糸と地方組織によるヨコ糸を織りあわせて、全国的な運動を組織するためです。産別と地方の両面からそれぞれの独自課題での共同行動を通じて全労連に結集しようということです。すべての『産別・地方組織』は、産業別・地方別の要求と政策の策定、『行政区』に対する組織の確立と対自治体交渉権の確立、『職場と地域』の組織と協力・連携しての産業別統一闘争・大産別共闘・地域共闘・地方別統一闘争などの強化を追求しましょう。」

「いま、独占・大企業が主導する『産業再編』と『労働力流動化』の嵐が労働者の産業別結集に新しい困難をもたらしています。（中略）このような条件の中で、いま労働組合は、職場と地域での団結を基礎に、資本の新たな支配の枠組みを分析し、これに的確に応える『政策立案能力・相場形成力・波及力』を持つ産業別統一闘争を発展させることを求められています」「全労連のたたかいは、単に全労連に結集する労働者のものではなく、未組織労働者はもとより『連合』労組をもふくむ日本の労働者全体の旗印となっています。全労働者の要求実現と同時に、国民諸階層の切実な要求にも解決の道をさししめすたたかいを、いまこそ大きく前進させましょう。」

11年を経た２００７年12月の地域運動交流集会では、「地域運動の到達と課題」として「住み、働き続けられる地域をめざし奮闘する地方・地域組織」「安心・安全な地域社会をめざして」「現代版駆け込み寺として—地域からの非正規労働者の組織化」「自治体を地域住民の守り手に変える」「憲法、社会保障、消費税など国民的共同の先頭に」と５つの運動分野での到達が整理され、新たな前進を担う地域組織づくりが提起されました。

2つの全国集会を挟む11年の間、地域運動は大きく前進し、自治体キャラバンや地域総行動、地域からの賃金底上げなど、地域労働運動としての独自の領域に足を踏み入れ、たたかいの経験を蓄積しました。90年代後半から激増する労働相談を背景に、2002年に63組合・組合員3138人だったローカルユニオンは、2005年に100組合・5000人を超え、2015年には177組合・9582人が地域組織に結集しています（6月時点）。

2013年10月の「地域の運動と組織の強化をめざす全国交流集会」では、全労連が産業別全国組合と都道府県別組合（地方労連）による組織構成を選択したのは、「産業別のたたかいと地域のたたかいを結合して全国的な運動を展開することで、『日本の労働組合運動の積極的なたたかいの伝統をひきつぎ、いっそう切実さを増している労働者・国民各階層の要求実現』（全労連行動綱領「希望に輝く未来のために」）のたたかいを前進させることをめざしたからである」とあらためて確認し、「それは、日本の労働運動の特徴でもあり弱点でもある企業別労働組合の限界を乗り越え、社会的労働運動への前進をめざすものでもあった」「地域・草の根から国民共同の前進が求められる課題で、その担い手としての全労連への期待は高まっている」「労働者が働き、くらす場であり、政府・財界によ

〈自治体キャラバンで活動家を育てる〉

都道府県レベルで広域的に自治体を訪問していく自治体キャラバンは、統一的な懇談テーマの設定、要請

団の組織、個々の自治体との調整と全体のスケジュールづくりなど、実務的な準備は手間がかかります。それだけに多くのことを得ることができます。

懇談テーマの設定と要請事項づくりにおいては、その時々の全国的な情勢、労働者・住民の仕事と暮らしの実情に対応し、自治体として何ができるのかを考え、要請事項に関わる各分野の組合や関係団体の意見も参考にして検討します。自治体を訪問する前に、要請事項に関わる施策などについて自治体アンケートを行い、当日の参考資料として活かすことも、懇談の内容を深めます。こうした作業は、ローカルセンターとしての政策力量を高めます。

自治体キャラバンは、毎年継続してとりくむことにより、対応する自治体との信頼関係が醸成されていきますし、都道府県レベルの要請団とともに当該の自治体に対応する地域組織から参加する仲間たちも、自治体との対話・懇談の経験を蓄積していきます。

自治体キャラバンは、労働組合の地方組織によるもの、社保協や大運動実行委員会などの労働組合と民主団体の共同組織によるもの、春闘共闘として春闘時に行うもの、その時々のテーマで実行委員会を結成して行うものなど、全国各地方で、さまざまな形態でとりくまれています。埼労連（埼玉県労働組合連合会）では、6月に社会保障の課題での社保協キャラバン、11月には地域経済と公契約問題を中心にした県労連としてのキャラバンと、年2回の自治体キャラバンにとりくんでいます。

大阪社保協の自治体キャラバンは、72の市区町村を訪問しますが、２００5年に５００人程度だった地域社保協からの参加者数は、２０１4年には１４００人に増えています。埼玉社保協は33コース・63自治体を約10日間で訪問しますが、県要請団は労働組合・民主団体で分担して構成し、のべ参加者数は１６００人に達します。都道府県レベルの組織と地域組織の共同作業として展開される自治体キャラバンは、毎年継続してとりくむことにより、活動家を地域から育てる契機になっています。

る新自由主義的『構造改革』の矛盾が集中し顕在化している地域で、これに抗した運動を求める多くの労働者の期待に応え」「全労連結成の原点に立ち返って、単産と地方、全労連の力を地域で寄せあう」ための議論を呼びかけました。

こうした全労連における地域運動の位置づけのもとに、全労連傘下の47の地方組織（都道府県組織）・460か所の地域組織（地域労連・地区労※など）は、産業別統一闘争を地域から補強しつつ、「地域労働運動」「地域春闘」を労働運動の独自の領域として発展させ、産別組織とともに全労連運動を支え、また、貧困・社会保障、消費税、原発問題やTPP（環太平洋連携協定）、そして直近では戦争法案反対のたたかい、憲法を守り活かすたたかいなど、さまざまな分野で広がる国民的な共同を組織し、地域から発展させる力として役割を果たしてきています。

※全労連では、地域における労働組合の連合体を「地域労連」と称しています。連合においては、都道府県の連合のもとに地域的な連絡協議機関として「地区協議会（地協）」が置かれています。「地区労」は、1989年に解散した「総評」（日本労働組合総評議会）に対応する地域組織であり、総評の解散後も「地区労」として存続した組織の多くが、全労連の都道府県組織に加盟しました。全労連では「地区労」を含めた総称として「地域労連」と称しています。

●連合は地域運動をどう位置づけてきたか

一方、日本のナショナルセンターの多数派となっている連合は、「連合組織方針」（1992年11月、中央委員会決定）で、「ローカルセンター」を次のように位置づけていました。

「1.『連合』に加盟する産業別組織の地方組織をもって構成し、当該地方の全産業・雇用労働者の結集をめざす。産業・業種・地域をこえた連帯を強化し、ナショナルセンターと一体的運動を進めるとともに、当該地方特有の課題についても積極的に取り組む。」「2．地方における労使対等関係を確立するとともに、地方経済・産業の健全な発展と地域住民の総合生活の向上・安定の活動を推進する。」「3．ローカルセンターの基盤強化をはかり、『連合』運動の統一的発展をめざす。」

ここでは「ローカルセンター（地方連合会）は、ナショナルセンター（連合）の地方組織として組織される」もので、「ローカルセンター（地方連合会）の活動を地域においてよりキメ細かなものとして取り組むために、地域組織（地域協議会）を配置する」とされています。

連合の規約では、「連合への加盟は産業別全国組織とする」としており、「地方における連合の活動を行う組織として地方連合会を設ける」「地方連合会は連合の構成組織の当該地方組織をもって構成する」「地方連合会は、活動推進の単位として地域組織を設けることができる」とされています。また、「地方連合会における構成組織の加盟及び脱退は連合本部で扱う」「地域組織における加盟・脱退の扱いに関する事項は必要としない」とされています。連合の地方組織（地方連合会）及び地域組織（地域協議会）は、連合本部に加盟する産別組織の下部組織によって構成されており、連合の大会では、特別代議員として参加する地方連合の代表には表決権がありません。1991年の組織運営検討委員会の答申では「地方連合会については、その独立性・独自性を尊重すべきとする意見もある」ことに触れていますが、答申は「連合本部に対する地方組織として位置づけるという基本を再認識する必要がある」として、そうした意見を否定していました。※ つまり、連合にお

※中村圭介『地域を繋ぐ』教育文化協会・2010年7月、『地域協議会の組織と活動の現状調査報告書』連合総研・2010年4月

いては、地方連合は連合組織の下部組織、地方の出先機関であり、地協（地域組織）は地方連合を補完、補助する機関とされていました。

その後、1993年の連合第3回大会の会長あいさつで「地域で目に見える運動を推進する」ことが呼びかけられ、96年には「地方活動強化のための対策指針」が確認され、2003年には「地方連合会のあり方検討会」が地域協議会強化を明確に打ち出し、一方、組織委員会によって、地域ユニオンの組織化方針も明確にされました。

2003年の「連合評価委員会※」の指摘を受けて、2005年の連合大会では、「労働運動の社会性をより一層高めていくためには、地方連合会・地域協議会を主体に、地域社会の要請に応え得る活動と体制の確立が不可欠」として、「地方連合会・地域協議会改革の具体的実施計画」が提案され、地方連合会活動の柱を「①組織拡大、②中小・地場組合への支援、③都道府県・地域レベルの政策・制度実現、④地域における社会参加、⑤政治活動」とし、「地域に根ざした顔の見える連合運動」を実践するために、一定の組織基盤を持った地域組織としての地協の再編とそのための組織体制、財政基盤の強化方針が提起されました。地域的な共済活動の強化策として、地方労福協（労働者福祉協議会※※）、労金、全労済などと連携し、地協を窓口にした「ワンストップサービス」のネットワークを構築するとの方向も打ち出しました。

2013年の連合大会における運動方針では「地域に根ざした顔の見える運動を強化する中で、地域協議会を再編し、『STOP THE 格差社会！　暮らしの底上げ実現』キャンペーンなど、全国でキャンペーン活動を展開できるような組織力も整備されつつある」

※連合運動の運動全体について評価・提言を行うとして、連合により設置された、中坊公平元日弁連会長を座長とした外部委員による機関で、2003年に「最終報告」を提示しました。

※※労働者福祉活動に関する連絡・調整機関として、労働組合や福祉事業団体（労金や全労済など）、生協などによって構成されている組織です。中央組織とともに各都道府県に組織があります。1950年に設立され、ナショナルセンターの枠を越えた連絡調整機関として機能していましたが、1989年の連合の発足以降、連合に「軸を移行」（中央労福協50周年記念誌による）させています。

「地域固有の課題への取り組みにも力を入れる必要がある」とし、260の地協活動の定着化をすすめるとしています。連合の地方・地域組織は組織的な独立性・独自性を持たず、連合運動の補助機関である「手足」として位置づけられているものの、今日の情勢に対応して、連合も労働組合の社会的な影響力を高め、未組織の組織化をすすめていくうえで重視しなければならない課題として、地域運動の活性化に目を向けています。

●高まる地方・地域の労働運動への期待

97年以降、労働者の賃金は下がり続け、度重なる社会保障の後退と変質化が進行し、貧困の広がりと格差の拡大が深刻化する中で登場した民主党政権が労働者・国民の期待を裏切り、多国籍化する資本の横暴がいっそう日本経済を深刻なものにし、その一方で政権党による改憲策動が強められるという状況のもとで、労働者が生身で存在し、生き働いている地域には、不安と要求が渦巻いています。

さまざまに展開される社会運動のエネルギーの源泉は、労働者や住民の置かれている現実から必然的に生み出され、生活と労働の場からわき出してくる要求です。労働組合運動は、こうした不満や要求をくみ取り、社会運動化し、運動を推進していくうえで大きな役割を果たしてきました。対応して、財界を中心にした支配層はこうした運動を敵視し弱めようと策動します。そうしたせめぎあいのもとで、今日、労働組合の組織率が2割以下に低下し、その社会的な影響力が弱まっているのは、資本や政府からの攻撃、分裂策動という要因とともに、労働組合の多くが企業内活動に閉じこもりがちだったという事情も無視できません。

２００３年の連合評価委員会は「地域における活動もまた、労働者一人一人にとって身近な問題へ取り組むという意味においても、重要なことである。地域での活動や共闘は、弱まっている傾向にある。地域での活動は、パートタイマーや中小企業労働者、未組織労働者や、年金受給者にとって、活動の足場となりうるものである。地域において存在感を発揮していくことが、組合員にとっても、未組織労働者にとっても、運動が身近なものとして感じられる鍵となる。したがって、地域労働運動を強化することが不可欠である」と指摘しています。

すでに見たように、全労連傘下の地方・地域組織は、地方・地域の労働者のセンターとして独自の運動領域を広げ、地域での共同闘争と組織化の拠点として機能し始め、それが、全労連全体の運動の発展に大きく貢献しています。一方、連合も連合評価委員会の報告を受け、「地域固有の課題」に目を向け、地域からの組織化と地域運動の活性化に力点を置き始めています。

97年から99年にかけて、連合、全労連などが、労働基準法改悪反対闘争、年金改悪闘争などで国会前での座り込みをはじめ「同時多発行動」「雇用時限共闘」「リレー総行動」などと呼ばれる行動を展開して以降、ナショナルセンター間の共同行動が、限定的なかたちで行われてきました。※

地方・地域でも、限定的でありながらも、ナショナルセンターの枠を越えた共同行動の経験が広がり始めています。労働者・国民の状態悪化に対応し、労働組合が労働者の要求

※97年から99年にかけての労基法反対闘争では、連合と全労連が、労働省前や国会前で並んで座り込み、国会周辺でのアピール行動でエールの交換を行い、両組織の事務局長が出席したシンポジウムでは、こうした「同時多発行動」を確認しあいました。２００１年には連合の事務局長が、雇用危機の打開に向けて「雇用限定・時限共闘」を呼びかけ、全労連がこれを歓迎する記者会見を行っています。年金・医療問題でも、２００２年に、連合、全労連、全労協の３団体による「リレー総行動」が国会周辺で展開されました。（『全労連20年史』参照）

実現を第一に考えるなら、また、労働組合としての社会的に求められる役割を果たしていこうとすれば避けられないことですから、共同行動の広がりは必然です。しかも、産業や企業を越えて労働者を組織する地方・地域の連合体組織は、地域における労働者全体を視野に入れた共同行動に積極的にとりくむ組織的な条件を持っています。それだけに、いま日本の労働組合運動は、その存在意義が問われており、状況を突破していくうえで、地域労働運動が一つのカギを握っているといっても過言ではありません。

2 情勢が地域労働運動の前進を求めており、同時に前進の条件をつくり出している

●賃金・雇用、社会保障の悪化と地域労働運動

１９９５年は、働くものの状態が大きく悪化していく契機になりました。

５月に、日経連が「新時代の『日本的経営』」を発表し、これを契機に非正規雇用労働者が激増しました。１９９７年に非正規労働者数は１２６１万人でしたが、２０１４年には２０４３万人に増加し、役員を除く雇用者数の38％を占めています（総務省「就業構造基本調査」）。民間の事業所で働く人の賃金は、97年の平均年収４６７万円から２０１２年には４０８万円へ59万円低下し、また民間事業所の給与所得者のうち年収２００万円以下の労働者は、97年の８１４万人から２０１２年には１０９０万人となり、労働者の24％、4人に１人が年収２００万円以下です（国税庁「民間給与実態統計調査」）。国税庁のこの

データは、1年を通じて勤務した雇用者を対象とし、また官公庁の職員を含まないので、不安定就労の労働者や増え続けている官公庁の非正規職員を考えれば、労働者の貧困化は、さらに規模を膨らませているでしょう。こうした雇用の不安定化と賃金低下を背景に、預貯金を持たない世帯が、2人以上世帯では97年の10%から2013年には31%にも増え、単身世帯では37%に達し、20歳代単身では45%が無貯金状態です（金融広報中央委員会「家計の金融行動に関する世論調査」）。

同じ95年の7月には、首相の諮問機関である社会保障制度審議会が、戦後3度目の社会保障制度に関する勧告※を提出し、社会保障の全分野にわたる改悪が方向づけられました。厚生年金は、2004年以降の10年間に保険料が2割引き上げられ、給付は1割減少しました。医療の負担増や介護保険の制度改悪が進行し、福祉分野の営利事業化がすすめられ、2012年の社会保障改革推進法により、社会保障の変質化は新たな段階に入っています。

賃金低下と雇用の不安定化による貧困の広がりは、生活保護の受給をはじめ、社会保障給付の需要を高めます。女性労働者は過半数が非正規で、働いている母子家庭の7割は生活保護基準以下の収入で暮らしており、子育て期の社会的支援は切実な要求です。一方で、国保税の相次ぐ引き上げや医療の窓口負担増、介護保険料と介護の利用料負担などが高齢期の暮らしの不安を増幅し、年金給付の削減が追い打ちをかけ、最後のよりどころとなる生活保護も「水際作戦」と呼ばれる不法・不当な申請排除が行われています。こうして、雇用条件の悪化と社会保障の後退があわさって、暮らしの困難は労働者・国民の各階層にわたって耐え難いものになっていきました。

※1950年、総理大臣の諮問機関である社会保障制度審議会により、憲法25条にもとづく国家の責任を明確にした社会保障制度の整備確立を求める勧告が行われ、1962年には、50年の勧告を引き継ぎ、経済構造の変化と広がる格差に対応した制度改革を求める勧告が出されました。これに対し、1995年の勧告では、社会保障を憲法25条にもとづく国家責任から労働者・国民の「支え合い」に置き換えていくとして社会保障の理念を転換させ、その後の社会保障制度の総改悪の路線を敷きました。なお、この95年勧告を最後に、総理大臣の諮問機関であった社会保障制度審議会は廃止され、現在の社会保障審議会は厚生労働省内におかれた審議会です。

経済のグローバル化とともに、日本の大企業が多国籍化し、労働政策、社会保障の両面で新自由主義的「構造改革」がすすみ、規制緩和と効率優先、成果主義とあくなき利益追求が、労働者・国民の状態を悪化させ、それは、労働の場であり生活の場である地域においてリアルなかたちで顕在化します。こうした状況のもとで、地域では、住民の生活困難に対応して、地方自治体に対する行政需要が高まります。一方で、大企業への富の集中は、地域経済の地盤沈下をもたらし、地方自治体の財政困難もあって、地方政治の矛盾を深刻化させました。こうした状況は、地域からの賃金底上げや雇用の安定を求め、社会保障・福祉の充実をめざし、さらに地域循環型の地域経済の再構築を求める、住民共同のたたかいを必然にしています。

暮らしの困難は、地域によってさまざまなかたちで現れてきます。その地域の産業構造や歴史的に形成されてきた文化的な条件にも規定されます。さまざまなかたちで現れてくる困難の根っこには、大企業中心の政治・経済の動きという、どの地域にも共通する問題が横たわっています。

こうして見ると、職場や地域でわきあがる要求を結集し、たたかいのエネルギーを引き出していくうえで、労働組合の地域組織は大きな役割を持っていることがわかります。

労働組合の地域組織は、地域に存在する組織労働者を結集して職場をヨコにつなぎ、一方で、地域のすべての労働者・住民を視野に入れた運動が求められ、また可能でもあります。地域の運動は、都道府県組織による広域的な視野を持った運動とつながり、また、ナショナルセンター（労働組合の中央組織）への結集によって、全国的な運動ともつながっていきます。また、地域組織を構成するそれぞれの職場組織は、産業別組織に結集するというルートで、産業ごとの特性に応じた運動や産業の民主化という課題に向きあい、それをナショナルセンター及び都道府県、地域の各レベルの運動に反映し、また、地域住民との結びつきを強め、広範囲の産業・諸分野のたたかいと連帯した国民的な共同の運動にかかわっていきます。こうして、わきあがる生身の要求の結集と、どの地域にも共通する全国的な課題を結んだたたかいが、地域組織を起点に発展していくのです。地域労働運動の存在意義はきわめて大きく、その前進・発展は、労働者・住民の要求を一歩一歩実現していく力であり、それ故に、労働者・国民を主人公にした民主主義的な社会変革の力でもあります。

●地域からの生存権保障〜ナショナルミニマムとローカルオプチマム

資本主義の生成とともに生み出された労働者は、労働組合を生み出し、労働運動の発展とともに、社会保障制度を成立させ、発展させてきました。今日の社会保障制度は、全国民を対象としており、労働組合は、雇用保険や労働者災害補償保険（労災保険）、被用者健康保険、厚生年金などの労働者固有の制度の改善とともに、公的扶助（生活保護）、国民健康保険、国民年金、介護保険、子育て・保育、障がい者福祉など、社会保障制度全体の改善に向けて、さまざまな分野の諸団体と共同の運動にとりくんでいます。ナショナルセンターは社会保障運動のセンターとして役割を果たしている中央社保協※（中央社会保障推進協議会）を支え、また、全労連傘下の都道府県組織、地域組織が地方・地域社保協の

※1950年代の社会保障予算削減反対闘争や朝日訴訟を支援する国民的な運動の中で、社会保障にかかわる諸分野の民主団体と労働組合の共闘組織として58年に結成され、事務局は当時最大のナショナルセンターだった総評（日本労働組合総評議会）内に置かれました。89年の労働戦線の再編と総評の解散によって一時的に困難を余儀なくされましたが、全労連が支え役になり、また全労連傘下の都道府県労連が地方社保協の再建や結成に関わり、再び組織と運動を活性化させています。

運動の推進役になっています。

１９７０年前後の労働運動の高揚を背景にした社会保障の制度拡充から、１９８０年代の臨調行革※（臨時行政調査会による行政改革）を転機に、１９９５年の社会保障制度審議会勧告、そして２０００年代の小泉構造改革などを経て、社会保障の削減、解体が進行し、２０１２年には自公民の三党合意で社会保障改革推進法が成立しました。これに対して、日弁連（日本弁護士会連合会）が会長声明で「憲法25条に抵触するおそれがある」と批判したように（２０１２年６月）、今日の社会保障「改革」は、憲法25条の生存権を侵害し、国の責任を放棄する事実上の解釈改憲と指摘されるところまできています。

いま進行している社会保障の「改革」にかかわる地域運動については２つの方向で考える必要があります。

一つは、「改革」の具体的な現れに対して、地域から生活要求を掲げ、給付の水準を下げず改善を求めていくことです。もう一つは、国庫負担や全国的な給付基準の改善など、憲法25条２項に示されている国の責任を明確にして、全国的な運動にかかわっていくことです。

例えば、介護保険では、要支援該当者を保険給付の対象から外して市町村の支援事業に移行し、財源の一部は国が補助するとしていますが、支援事業の内容については事実上市町村まかせなので自治体への要求運動が必要ですし、国の負担が減らされれば、財源不足を理由に市町村の事業の水準が低下します。自治体に対して具体的な施策を求めながら、他方で、国に対して十分な財源保障と制度的な保障を求めていくことが必要です。保育で

※１９８１年、第二次臨時行政調査会（第二臨調）が発足し、会長に土光前経団連会長がすわるなど財界の実力者が主導して「小さな政府」論による行政改革の旗振り役になりました。同年の「行政改革大綱」「行政改革一括法」は、その後の公務員の削減と賃金抑制、行政機構の再編、社会保障予算の縮小などを強行する転機になりました。財界主導の第二臨調によるこの行政改革は「臨調行革」と呼ばれています。

も、それまで国が示していた保育所の設置基準（保育士の配置や施設の面積確保など）を市町村の条例で定めるようになり、基準を下げずに改善を求めていく地域運動がなければ保育所の質の低下が全国的に進行していくことになります。国保（国民健康保険）運営においても、国庫負担の削減が、保険料の高騰と市町村の財政負担の増加を招いてきましたが、いま計画されている国保運営の広域化では、市町村による一般会計からの繰り入れがなくなることも予想され、広域化されて実施主体となる都道府県の対応がどうなるのか、広域化されることによって住民の声が届かなくなるなどの問題もありますから、国庫負担増を求めることと、都道府県や市町村への働きかけがなければ、住民負担が増えるばかりです。

生活保護の申請に対する締めつけが全国的な問題になり、一方で給付水準の切り下げが進行しています。こうした問題も、地域社会で顕在化する貧困の実体を示しながら、当事者を含めた運動化が求められると同時に、全国的な水準の改善と生活保護の適正な運用を国に保障させていくことが重要です。

憲法25条は、国民の生存権を保障し、そのための国の責任を明示しているのですが、今日の「改革」で進行しているのは、「地方分権」や「地域主権」に名を借りた国の責任放棄と地方自治体への「丸投げ」です。国の責任で、全国一律の最低賃金、最低年金保障、適切な生活保護基準と運用、各種の福祉給付など、国民生活の最低保障＝ナショナルミニマムを確立させ、そのうえで、地方・地域の条件に応じた、医療・福祉などの現物給付を含めた最適な生活環境保障＝ローカルオプチマムを積み上げていくということが、いま重視されるのです。こうした分野では、地方・地域の社保協への結集や、各分野の運動団体と連携した共同行動において、地域の労働組合が運動の推進役になっています。加えて、自治体や医療、福祉、公共サービスなどにかかわる職場の労働組合が、その専門的な知見や情報の提供等を含めて、積極的な役割を果たしていくことが、住民共同の運動の大きな力になるでしょう。

社会保障・福祉の問題は、その根底に、雇用や賃金など、労働組合の固有の分野の運動課題が大きくかかわっています。十数年にわたって進行している賃金低下と非正規などの不安定雇用が労働者の貧困化を招き、また、社会保障給付の重要を高めました。一方で、賃金低下と雇用の不安定化による社会保険料の減少は社会保障財源の縮小をもたらしました。この間進行した法人減税や中小企業の経営困難も税収の減少をもたらし、国や自治体の財政困難の原因にもなっています。労働者全体の賃金水準の引き上げ、安定した雇用、中小企業の経営改善による地域経済の活性化が、社会保障の拡充に大きく寄与します。

社会保障・福祉の充実改善をめざす住民共同の運動とともに、地域から労働者の状態を改善し、また地域経済の活性化をめざしていくことが地域労働運動に求められています。日本国憲法は、25条で生存権を、26条で教育権を、27条で勤労権を保障し、さらに28条で労働者の団結権を保障しています。これらの社会権を保障し発展させるうえで、憲法上も、労働組合の役割発揮が期待されているのです。

●「地方創生」がもたらす地域の切り捨て

２０１４年5月に日本創生会議が「ストップ少子化・地方元気戦略」（座長の名をとって「増田レポート」とも呼ばれています）を発表し、その中で２０４０年までに半数の自治体が「消滅可能性」の危機にあるとして、その自治体リストを公表しました。日本創生会議は、もともと東日本大震災後、さらなる「構造改革」をすすめるべきだと考える人々によって設立されたものです。政府は、この増田レポートを活用して、２０１４年秋の内閣改造で地方創生担当大臣を置き、道州制導入を念頭においた地方拠点都市への公共投資の「集中と選択」や地方行財政制度の「改革」にむけて動き始めています。

政府は、２０１４年6月に閣議決定した「骨太の方針２０１４」と「新成長戦略」の中で、「地方重視」を押し出し、「成長戦略の目標は……アベノミクスの効果を全国的に波及させ地域経済の好循環をもたらす、いわばローカル・アベノミクスによって、最終的には地方の元気を取り戻し、国民一人一人が豊かさを実感できるようにする」と位置づけました。さらに「地域の経済構造改革」として「人口減少の厳しい現実の下で、活力ある地域経済社会を構築するには、まず、人口動態を踏まえた共通認識の醸成が必要である。……具体的には、医療介護等の公的サービス、都市機能、グローバルに競争力のある地域企業を核とした産業が、地域の中核的な都市に集積すると同時に、大都市圏、中枢都市及びその周辺地域の内外で人や情報の交流・連帯を拡大し、ネットワークによる機能補完を通じて広域的な地域の存続を目指す必要がある」としました。端的にいえば、全国のすべての地域・自治体での活性化は人口減と国の財政状況から無理だから、「集約」で財源を大都市圏や地方の中枢拠点都市に集中投資し、周辺地域は「ネットワーク」で補うということです。

人々の生活を支えるのは地域の産業です。いま、地域の産業に従事している就業者の数が、ほとんどの道府県で減少し、その就業者も非正規化と賃金低下で所得水準が低下しています。働くことによって得られる所得なしにその地域で生活し続けることはできないのですから、人口が都市部に移動していくということにならざるを得ません。

こうした状況は、１９８０年代半ば以降の、経済のグローバル化に伴う、自動車や電機などの大手企業による地方からの撤退と海外へのシフト、輸入促進策による地場製造業の崩壊や農林水産業の衰退、規制緩和による地域小売業の衰退などによってもたらされました。

また、いわゆる「平成の大合併」によって全国の市町村数は、１９９９年の３２３２から１７１８市町村まで統合されましたが、基礎自治体（市町村）の広域化によって、身近なところに役場がなくなり、小中学校が統合され、公共投資が合併した市町の中心部に重点化されることによって、広域化した自治体の周辺部（山間部）の公共サービスは低下し、防災面でも行政の体制は弱体化しました。所得だけでなく、生活条件でも周辺部は取り残されたのです。

いま動きつつある「地方再生」も、地方の拠点都市になるところを国が選択し、そこに公共資源を集中するという構想です。すでに２０１３年に地方自治法が改正され、「もはや、すべての市町村にフルセットの生活機能を整備することは困難」だとして、人口が集中する都市部に都市機能を集約し、市町村の間で、あるいは都道府県と市町村の間での新たな「広域連携制度」というネットワークが考えられ、大量の公共施設が更新時期にあるとして公共施設の新たな再編も促進されようとしています。医療や福祉も切り捨てられ、「図書館は隣の町で、文化会館は別の隣接する町で」というような状況になり、役場や公共施設が遠くなるとともに、住民の声も行政に届きにくくなります。中央政府主導の「地方創生」は、いっそうの市町村合併による自治体の広域化や道州制をめざす動きとも連動しています。

一方で、これまでの、外からの「企業誘致」でなく、地場産業育成を重視する自治体や、住民主体の中小企業、農家、協同組合・NPOといった経済主体と共同して地域内再投資力を高め、人口を維持し増加させる方向性を追求する自治体も生まれています。

いま、どんな自治体を、どんな地域社会をつくっていくのかをめぐる地域を舞台にしたせめぎあいにあって、住民の民主的な力が試されようとしています。それはまた、住民共同の運動の中核となる地域労働運動の力量が試されるということです。

●地域社会がグローバル経済の犠牲になっていいのか

2012年に成立した安倍政権は「世界で一番企業が活動しやすい国」をつくると公言しました。これは「わが国政府・与党に対して、国が主導して国内の事業環境を世界のいずれの国よりも使い勝手の良いものとすることを求める」（日本経団連「新たな産業政策体系の構築を求める」2013年3月）との経団連の求めに応じたものです。これまでも、財界と政府が口をそろえて「経済のグローバル化」「国際競争力の強化」を強調し、賃金低下と不安定雇用の増大を強行してきましたが、いま、多国籍化した大企業が相手にするのは、一国に限られた市場ではなく、グローバルに広がる巨大市場です。財界は、グローバル市場で勝てる力を強化するために、諸個人から地域、自治体、産業、教育・研究、各種インフラ、社会制度など国家の持てる力をフルに動員していく「グローバル企業国家」の構築をめざしています。

こうした財界の求めに応じ、競争力の絶対的な水準を引き上げるために、戦後の民主化の過程で確立された労働者保護法制を「岩盤規制」と敵視し、より安い賃金で労働者を使えるようにするための雇用・賃金破壊をすすめ、法人税の減税や社会保障財源を節約するための社会保障の削減に加えて、教育、福祉、医療、農業への企業進出を容易にする条件整備などの諸政策が推進されています。多国籍化した大企業は、こうした国内的な条件整備によって競争力を高める一方で、「国際的な事業環境のイコール・フッティングの確保を通じて、政府が掲げる『世界で一番企業が活動しやすい国』の実現を目指す」（日本経団連「日本経済再生に向けた基盤整備」２０１３年5月）として、日本のＴＰＰ（環太平洋連携協定）参加によって、関税や各種の営業規制、税制、環境保護などの国際的な差異を取り除き、競争条件の平準化をすすめようとしています。連動して、当面の企業業績を改善して投資を喚起する一方で、原発を目玉にしたインフラ部門の輸出など、国外の需要の拡大・開拓にも向かっています。

政府と財界の主流を占める多国籍化した大企業が一体となって強行する「世界で一番企

業が活動しやすい国」をめざす戦略は、雇用・賃金破壊の進行、社会保障・福祉の解体とさまざまな公共サービスの水準の低下、地域産業の破壊と中小企業の困難をもたらします。それは、地域産業や農業の衰退、低所得者や高齢者世帯の孤立といっそうの貧困化、役場や病院・福祉施設、公民館や図書館・文化施設などの機能の低下、さらに、原発が立地する地域での原発再稼働問題など、地方・地域の置かれた産業の特性や歴史的・文化的な条件などに応じて具体的なかたちをとって現れてきます。

財界の戦略とそれに呼応した政府の大企業優先政策は、地域社会の中で、労働者・住民の賃金・労働条件の悪化や生活の困難をもたらし、目の前の「生きづらさ」や地域社会の「将来への不安」を呼び起こさざるを得ず、こうした不満や要求が地域社会の中で蓄積されていきます。そこから、当面する困難を解決するための、安定した仕事、良質な雇用、社会保障・福祉の充実、地域経済の活性化を求める多面的な運動が起こりますが、そうした困難が生じてくる背景、不安や不満の根っこを見据えてこそ、運動は前進することができます。つまり、「世界で一番企業が活動しやすい国」をめざす財界の戦略に対して、地域を活性化し再生していく対抗軸が必要になってきます。それは、労働者・住民の「生きる」ための要求から出発し、暮らしを支えるための福祉や公共サービスの充実、地域の産業と中小企業を守り発展させる施策などを自治体に求め、また大企業による収奪を許さない民主的な経済のルールづくりに向かっていきます。

こうした地域要求の結集と民主的な経済ルールの構築による地域の再生・活性化の運動を束ね発展させる推進力として、地域労働運動が位置しています。

●自治体を、働くものの暮らしを守る拠点に

日本国憲法は、92条で「地方公共団体の組織及び運営に関する事項は、地方自治の本旨に基いて、法律でこれを定める」と規定し、これに対応して、地方自治法1条の2では自治体の役割について「地方公共団体は、住民の福祉の増進を図ることを基本として、地域における行政を自主的かつ総合的に実施する役割を広く担うものとする」としています。

「地方自治の本旨」とは、住民自治と団体自治を意味します。住民自治とは、地域社会の公的な事務をその地域社会の住民がみずからの意思にもとづいて自主的に処理することを意味しています。団体自治とは、地方自治体が国家から独立した地域的統治団体として地域社会の公的な事務を処理することをいいます。地方自治法1条の2の「住民の福祉の増進」は、住民の利益または幸福を一般的に意味しており、児童福祉や高齢者福祉などからイメージされるいわゆる福祉施策よりも広い概念です。また「地域における行政」は、本来の意味での「行政」にとどまらず、憲法94条により認められた自主立法権（条例・規則の制定権）を含むものとされています。つまり、地方自治体は、国の法律の範囲内で、地域における行政を自主的かつ総合的に実施する役割を持っており、住民の側から見れば、住民の仕事や暮らし、地域社会のあり方に関する問題は「何でも取り扱う場」だといっていいでしょう。

財界の戦略や国の政策によって地域の暮らしに困難がもたらされている今日、地方自治体は、大企業の横暴な行動や国の悪政に対して、暮らしを守る防波堤として機能すると同時に、自治体の施策として、福祉施策の拡充や、民主的な経済ルールの構築と地域経済振

興などのさまざまな施策をすすめることができます。

1990年代から、都道府県労連が広域的な観点から都道府県内の全自治体を訪問し、社会保障・福祉の拡充や地域経済振興、雇用・労働者対策などのさまざまな施策を求めて行動する「自治体キャラバン」運動が全国に広がりました。それは、都道府県労連による労働組合としての行動として、あるいは地方社保協（社会保障推進協議会）やさまざまな名称を冠した実行委員会による各分野の運動団体との共同行動など、運動の形態もさまざまです。地域でも、さまざまな要求を束ねた「地域総行動」や共同の自治体要求運動も展開され、「自治体キャラバン」運動とも連動しながら、地域運動がとりくまれています。

中小企業振興条例※や公契約条例など、民主的な経済ルールを構築し、中小企業の活性化と地域における賃金の底上げ・雇用の安定を図り、また「自治基本条例」など、自治体がめざす共同目標を設定し、暮らしの安定や公共サービスの拡充をめざす自治体もあります。地域労働運動においては、多国籍化する大企業の横暴に抗し、地域から労働者の要求を実現していくために、「自治体を、働くものの暮らしを守る拠点に」という運動目標も掲げられるようになってきました。

こうした政策を推進するうえでは、地域社会における世論づくりや合意形成の運動が不可欠です。一方で、自治体を国の政策の下請け機関にし、また大企業の戦略推進に活用しようとする策動も執拗に行われています。こうしたせめぎあいのもとで、「地方自治の本旨」にもとづく民主的な自治体づくりは、地域運動にとって中心的な課題の一つでしょう。

地域における労働者・住民の要求の結集と政策の発展は、地域社会における民主主義の

※地方自治体が地域の中小企業の役割を重視し、その振興を行政の柱とすることを明確にするために策定される基本条例で、1979年に東京都の墨田区での制定に始まり、99年の中小企業基本法改正において「地方公共団体の責務」が盛り込まれて以降、全国の自治体に広がりました。2013年末時点で、29道府県・114市区町で制定されています。なお、2010年6月には民主党政権下で「中小企業憲章」が閣議決定されており、国および地方自治体における実効ある政策展開が求められています。

〈合意づくりの到達が反映する公契約運動〉

２００９年9月に千葉県野田市で公契約条例が制定されて以降、全国で公契約の適正化を求め、条例の制定をめざす地域運動が広がりました。これまでに制定された条例には、労働者・労働組合が求める賃金の下限規制を含むもの、理念条例にとどまるもの、要綱で入札の適正化を促すものなど、規制力と実効性の到達点はさまざまです。

東京・世田谷区で２０１４年9月に制定（２０１５年4月施行）された公契約条例は、２００６年に東京土建、区職労、区労連、連合世田谷、地区労の5労組による「公契約推進世田谷懇談会準備会」を発足させ、7回に及ぶシンポジウムの開催など、区や区議会、関係者の丁寧な合意形成と地域における世論づくりに努力を重ね、２０１１年に新しい区長を誕生させた住民運動ともつながりながら、足掛け10年におよぶ運動の到達です。

札幌市では、提案された条例案に対して業界団体から強い反対があり、議会で否決されましたが、その背景には、札幌市が行財政改革の一環として指定管理制度によるコスト削減をすすめてきたことがあり、低価格発注や予定価格の適正化などの入札制度の改善がないままの条例では受注者側の納得が得られなかったようです。

公契約条例における賃金の下限規制は、地域における賃金水準が勘案されるので、公共サービスに関連する労働組合による職種別・地域横断型の賃金引き上げの運動や、地域の低賃金実態を改善する地域全体の運動と連動してこそ、実効あるものになっていきます。それはまた、非正規労働者の組織化や個々の職場における賃金闘争の強化ともつながっています。ルールづくりと職場闘争、地域の共同闘争は、密接につながっていることに目を向けた地域運動の展開が求められています。

成長・発展と一体になっていきます。こうした運動に労働組合が積極的にかかわっていくことによって、労働組合も成長し、地域社会の信頼を得て、組織化の運動も前進していくことになります。

1973年、74年の春闘では、激しい物価上昇のもとで30%前後の大幅な賃上げをかちとるとともに、公的年金の抜本的な改善をはじめとした社会保障闘争も前進しました。その背景に、物価騰貴や公害問題などの大企業の横暴に対する各地の住民運動が起こり、また全国で社会党（当時）と共産党による革新自治体が成立し、高齢者や子どもの医療費の無料化や中小企業への無利子・無担保の公的な融資制度など、積極的な福祉施策が展開されるなど、地方・地域からの住民運動の高揚と全国的な政治革新の流れがありました。国民的な運動と政治革新の高揚のもとで、労働組合運動も大きな力を発揮したのです。

〈共感力のある要求と政策を〉

自治体を、暮らしを守る砦にしていく……それは、労働者・住民の要求をかたちにし、その実現を自治体に求めていく運動を積み重ねていくということです。

フランス労働総同盟（CGT）の組合員教科書に、労働組合の要求となるのは「①それが労働者の切実な要求を表し、②労働者たちが心底からその必要を感じ、③同時にその要求実現の可能性を信じて、④行動にたちあがろうと決意する場合であり、⑤しかも、それによって広範な労働者が結束する場合である」とされているそうですが、自治体要求においても同じことで、住民との共同行動の場合には、この文章の「労働者」の部分を「労働者・住民」と読み替えて考えればよいでしょう。

要求があるから行動するのですから、その地域の労働者・住民の暮らしと仕事の全体に目を向け、そこからどんな要求が顕在化し、あるいは潜在しているかをつかんで、自治体要求に表現していくことが出発点です。

そのためには、さまざまな分野の労働組合や市民団体がどんな要求を掲げているのかを調査し、未組織労働者からの労働相談の事例も素材にして、それが示している問題やそこから浮かび上がる課題は何かなどを検討し、あるいは自治体としてどんなことができるのかを自治体の担当者に聞いてみる、といった事前のとりくみが重要です。アンケート活動や統計資料に当たってみることも有益でしょう。

留意すべきは、個々の事件の解決というより、わき上がってくる個々の要求の背景にある共通する問題をさぐること、運動を仕掛ける側の思いや思い込みよりも、多くの仲間にとってより切実で心に響く要求を掲げることです。そして、その要求を実現するすじみちについて集団的な討議を行うことで、共感力のある政策ができていきます。要求運動ですから、「正しい」ことにこだわりすぎるよりも、その要求や政策によって仲間たちが「がんばろう」と感じることの方が大事な場合もあります。

自治体との話しあいに置いても、「かくあるべき」ということでの理念的な論争よりも、どうしたら労働者・住民の抱える問題を解決できるのかを、自治体の担当者とともに考えるというスタンスが求められます。とはいえ、理念なくして議論は深まらないのですから、労働法制の現状や社会保障の原理、憲法に規定された「地方自治の本旨」（憲法92条）、全国的な政治情勢などについて、基本的な学習は欠かせません。

労働組合の要求や政策はたたかいの中で成長・発展します。ある水準で掲げた要求が実現すれば、「よし、この次は」と、より高い水準の政策で団結できるようになります。運動の中で仲間たちが成長する……労働組合運動の全体が民主主義の学校であるように、地方自治もまた民主主義の学校なのです。

3 資本と支配層の社会統合戦略に対抗する共同の運動を地域から組織する

●「世界で一番企業が活動しやすい国」と改憲路線

グローバル経済のもとで、世界市場に視点を置いて活動する多国籍大企業の戦略とそれと一体になった自民党政府の「世界で一番企業が活動しやすい国」づくりは、労働者・国民に犠牲を強い、地域経済の疲弊と地域社会の衰退をもたらすばかりか、国家主義的な、強権的に国民統合をめざす改憲路線と結びついています。

民主党政権の成立によって政権から下野した自民党は、憲法改定案(日本国憲法改正草案、2012年4月27日)を決定しました。民主党政権の崩壊によって12年12月に政権に復活した自民党は、「成長戦略」を掲げて経済成長を演出しながら、その一方で、2012年改憲案を基調にした、軍事大国化と国家主義的な体制づくりをすすめています。

自民党の改憲案では、天皇を日本国の元首として国旗・国歌の尊重を義務化し(前文、1条、3条)、現憲法の「公共の福祉」を「公益と公の秩序」に置き換えました。13条の「個人の尊重」を削除し、表現・結社の自由や団結権を制限し、家族の助けあい義務や財政の健全化と地方自治における住民の負担義務なども明記しています。前文を全面的に書き換えて、国民主権や平和的生存権を前文から削除し、9条を改定して自衛権の発動を可能にしつつ、国防軍の創設と軍事審判所の設置、国家機密の保持などを規定しています。

さらに、内閣総理大臣は国防軍の最高司令官とし、緊急事態宣言を発することができ、国民の権利を制限することができるなどの軍事的な非常体制に対処できるようにしています。

自民党は、1955年の結党以来、憲法「改正」を党是とし、これまでも改憲の動きがくり返し浮上しました。2005年にも「新憲法草案」を発表し、教育基本法の改定を強行しましたが、憲法改悪に反対する世論は根強く、全国と各地方で発足した憲法改悪反対共同センター（2014年、憲法共同センターに発展、改組）や、2004年に発足した「九条の会」に呼応して、全国の地域や職場で数千の「九条の会」が発足し、改悪を阻止する運動が網の目のように広がっています。また、労働組合の運動や社会保障・福祉の分野の運動でも、また地方自治体をめぐる政治闘争においても「憲法を活かそう」との積極的なスローガンが掲げられ、要求運動の力になっています。

いま、グローバル経済下で多国籍化する日本の大企業の世界市場戦略は、アメリカの軍事的な世界支配をもくろむ安全保障政策と結びつき、日米同盟の強化を基盤にして世界市場の獲得と外需の拡大をすすめていこうとしています。日米の支配層にとっては、アメリカへの基地の提供とともに、軍事的な役割分担の増大という側面から、憲法9条の改定が課題になっていました。今日の日本の政治は、多国籍企業の世界市場への戦略、アメリカの戦争に参加できる体制、それを推進するための国家主義的な統制の3つが融合し、平和と民主主義を基調とする日本国憲法と相いれないところまで踏み込んできています。沖縄の基地問題をはじめとして、全国各地の米軍基地の存在も地域住民の安全な暮らしを脅かしています。

支配層は、改憲をめざしつつ、戦争法の強行や集団的自衛権の容認、社会保障の変質化などの部分的な解釈改憲を強行しています。一方で、憲法を守り活かそうする運動は、9条改定に反対し平和を守るための世論づくりの運動や、雇用の安定と賃金の底上げ、「ブラック企業」根絶のたたかい、生活要求を掲げての社会保障拡充の要求運動などと結合しつつ、地域を主戦場にした草の根のたたかいとして広がっています。

日本国憲法は、基本的人権を保障する諸規定、25条の生存権、26条の教育権、27条の勤労権などの社会権規定とともに、28条で労働者の団結権を保障しています。日本国憲法は、民主主義の擁護と社会権の拡大・発展にとって、労働組合の存在と活動が大きな意味を持つということを明示しています。地域は労働組合の存在が生のかたちで見えてくる場であり、地域で姿の見える労働組合運動が求められています。

●資本と支配層による社会運動の分断に抗して

70年代の初頭、革新自治体の広がりと政治革新の高揚、また国民春闘の高揚の中で、労働組合運動は社会的な影響力を高めていました。74年国民春闘では、労働団体と社会党、共産党、市民団体など82団体でインフレ阻止国民共闘が結成され、労働団体は統一集会を開き、交通ストを軸にした史上最大のゼネストに81単産、650万人が参加したたたかいの中で、32・9%という史上最高の賃上げを獲得しました。

危機感を抱いた財界を中心とする日本の支配層は、政治革新の流れを断ち、そのために労働組合の社会的な影響力を低下させ、国民運動への分断を策します。

財界の労務対策部といわれた日経連は、74年に「大幅賃上げの行方研究委員会」を発足させ、75年以降の賃上げの抑え込みを図り、経営者の結束を固めて賃上げを抑制し、労使協調的な組合を育成して、労働組合の中にも賃上げ自粛論が広げられました。

政財界あげての反動攻勢は、80年の社会党・公明党による社共共闘の分断（「社公合意」と呼ばれています）を契機に革新自治体がつぶされていき、労使協調型の民間大企業労組を推進役にした労働戦線の再編が進行し、総評、同盟、中立労連、新産別の4つに分立していたナショナルセンターは解体され、89年に、連合（日本労働組合総連合会）と全労連（全国労働組合総連合）が成立しました。

社共の分断と労働戦線の再編は、革新自治体を崩壊させただけでなく、77年に統一を回復した原水禁大会が86年には再分裂するなど、平和運動をはじめとしたさまざまな分野の国民運動に亀裂をもたらし、地域における社会的な運動にも影を落とし、労働組合の社会的な信頼を低下させていきました。

政治戦線における革新勢力の分断と労働戦線の再編・分立が進行する一方で、賃金上昇の抑制と人減らしによる「減量経営」をすすめた大企業は国際競争力を高め、輸出を大規模に拡大していきますが、90年代後半からは、輸出主導から多国籍化へと転換し、国内においては規制緩和と「構造改革」が強行され、並行して企業主義的な労働組合を中心とした労働戦線の再編を通じての社会統合策がすすめられました。労働者・国民に犠牲を強いる新自由主義的な「構造改革」は、格差と貧困を耐え難いほどに広げ、政治の矛盾が深化し、２００９年に民主党政権を成立させますが、労働者・国民の期待に応えられず、２０

12年には再び自民党政権が復活しました。

89年の労働戦線の再編によって労働組合の多数派を形成した連合は、制度・政策は連合本部で扱い、賃金等の経済闘争は単産責任とする役割分担論に立ち、その単産も実際には企業単位あるいは企業連（企業系列の労組連合体）を単位にした横並びの運動になっています。また、全国的な課題、中央政治に関する問題は連合本部が扱い、地方・地域組織の運動は、連合本部の方針の範囲内での自治体対策などの地方的な課題に限定されています。こうした連合の運動路線は、大企業労組を中心とする企業主義的な運動のもとで労働者による大衆的な運動を軽視することになり、また、地域においてはさまざまな社会運動と距離を置き、地域の共同の運動のブレーキ役となっています。連合傘下の一部には、憲法問題や平和運動、原発問題、争議支援などに積極的に動こうとする組合もありますが、単産責任による「ガス抜き」にとどまっています。

一方、全労連は、90年代後半には「総対話と共同」の路線を明確にし、2000年の第19回大会では「21世紀初頭の目標と展望」を提唱し、一致点での広範な労働組合・国民の共同闘争を呼びかけました。「21世紀の目標と展望」には、次の文言があります。

「多くの仲間が『政治と社会を変えなければ』と考えている。だが、その思いを束ねる労働組合の力はけっして十分でなく、職場・地域で、『労働組合の姿が見えない』という声もきかれる」「企業の横暴や悪徳政治と毅然とたたかう労働組合がいまこそ求められているのではなかろうか」「『目標と展望』の推進のためにも、労働組合運動の壮大な共同の追求、『統一』への探求が重要である。壮大な共同と『統一』をどのように追求するのか。複数のナショナルセンターが存続するもとでも、一致する要求課題にもとづく長期で継続的な共同戦線を築くことが土台となる。それは、①労働者の生活、雇用、権利を守るためにたたかうこと、②自民党中心の悪政に反対し、国と地方の政治・財政を労働者・国民本位に転換すること、③日本国憲法の平和・民主的原則と労働基本権を守り発展させることをめざす共同戦線である」「ナショナルセンター間で基本課題での合意が成立しない段階においても、当面する個別要求の一致があるならば、その実現をめざす共同行動を積み重ねていくことが重要である。全労連は21世紀初頭における運動の基本方向として、すべての労働者・労働組合との対話と共同を引きつづき追求する。そのため中央・地方・産業レベルにおける協議と合意形成を呼びかけ、相互理解と自主性の尊重に立った共同行動を発展させる」

今日、原発問題、反核・平和と沖縄の基地問題、貧困と社会保障、ＴＰＰ、改憲策動とのたたかいなど、さまざまな分野の「一点共闘」が発展し始めています。全国的な運動と地域運動が呼応しながら、要求や課題での一致にもとづく共同行動が転化され、地域の労働組合が共同の結び役となり、推進役として役割を果たしています。こうした共同闘争を発展させ、また政治的な統一戦線に転化させていくうえでも、草の根で展開する地域運動の役割は重要な位置にあります。

地方・地域では、連合と全労連のそれぞれに属する組合の役員の間での対話も行われ、そこでは「労働者は団結すべき」との声が聞かれます。労働者は、みずから分裂をのぞむことはありません。労働組合の分裂は社会運動の分断につながり、労働組合運動の社会的な影響力を弱めます。草の根からの共同と労働者の大きな団結を形成していく場としての地域運動の発展は、全国的な労働者・国民の団結と連帯を構築し、強化していく土台になっていくでしょう。

●すべての労働者を視野に入れた地域からの運動と組織化

厚生労働省の「労働組合基礎調査」によれば、労働組合の推定組織率は、1949年に55・8％を記録した後いったん低下し（1959年、32・1％）、政治革新と国民春闘高揚期の1970年に35・4％に回復して以降は下がり続け、2003年に20％を割り、2014年には17・5％となっています。労働組合員の数も、1973年から1998年まで、1200万人台を維持していましたが（最高は1994年・1270万人）、1995年以降は減少傾向が続き、2014年には985万人になっています。2014年の雇用労働者数は5617万人ですから、統計上は4632万人が未組織です。

少なくない労働組合が企業内や産別内の活動に埋没しがちであったことや、労務管理の変化と業務の多忙化などとともに、派遣、有期契約、パートなどの非正規労働者の増大、分社化や企業・事業所の再編などによる労働力の流動化が組織率の低下の要因となり、組織率の低下が、労働組合の社会的な影響力をも低下させてきたことは否定できません。

一方で、70年代後半から顕在化した、建設労働組合の組織的な前進は、地域・生活圏からの組織化の可能性を示すものとして注目されました。90年代以降には、非正規労働者の急増に対応し、あるいは労働相談活動の活発化と結びついた個人加盟の地域労組（ローカルユニオン）による組織化が進行しています。

全労連傘下の地域組織による、企業・産業のカベを越えた地域労働運動は、労働組合同士の共同行動を発展させ、地域労組（ローカルユニオン）づくりや、産別を越えた地域的な共同の組織化運動にも踏み出しています。

いま地域では、地域的な問題と国政の問題が重なりあいながら、「一点共闘」や「地域総行動」、さらに、民主的な自治体づくりをめざす共同行動など、さまざまな形態での市民的な共同の運動が展開され、その中で、労働組合が共同の結び役として、あるいは推進役として役割を果たしていくことによって、労働組合は地域において「見える」存在になり、市民的な信頼を獲得しつつ、自治体や地方政治の中での存在感を高めつつあります。市民運動の中で立ち現れる地域住民の大多数は、労働者とその家族です。したがって、労働組合と市民による地域的な共同行動の中で醸成される信頼は、未組織労働者の労働組合への結集を促進する条件をつくることになります。市民的な共同のとりくみの蓄積は、労働組合と未組織労働者の接点を拡大していきます。その延長線上には、労働組合の組織化をすすめる市民的な共同のとりくみの可能性も見えてきます。

地域労働運動の活性化は、こうして、地域を変え、社会を変えていく労働組合運動の全体を強化していく力になると同時に、今日の組織率の低下傾向を克服し、組織化を前進させ、労働組合組織の再生、発展を実現させていく大きな力になっていきます。産別組織から見れば抽象的な存在に見える「すべての労働者」も、地域運動の場では、そこで生き働く生身の労働者として存在しているのですから、いつでも「すべての労働者」を視野に入れて活動する地域労働運動の力量の強化が求められるのです。

地域から、すべての労働者を視野に入れた組織的結集を前進させようとする際に、労働組合の共済活動や労働金庫の活用、消費、医療・福祉、住宅などの生活協同組合との連携、さまざまな文化活動など、働くものの暮らしを全体として支えていくと同時に、労働者の団結を日常的に高める自主的な労働者福祉運動に積極的にとりくむことも、地域運動において重視すべき課題です。

また、支配層から不断に流される意図的な情報操作や思想攻撃、それを補完する巨大メディアの影響、権力による教育への統制と介入に抗して、平和と民主主義、人権意識を発展させていくうえで、また、地域運動を支える大量の活動家を育成していくために、地域における労働学校やさまざまな形態での学習集会など、労働組合が中心になり、あるいは労働組合と連携した学習教育運動を強化することは、緊急の課題になっています。

4 春闘再構築のカギを握る地域春闘と地域総行動

●春闘における産業別の統一行動と地域春闘の独自の役割

『春闘の歴史と展望』※は、「地域春闘」について次のように述べています。

※熊谷金道・鹿田勝一著。学習の友社、2011年発行

「春闘の前進に不可欠なのが産別結集・産業別統一闘争の強化と同時に、産業や企業の枠を越えた労働者・労働組合の地域横断的な団結・結集の力による地域春闘の強化である。」

「それは第一に、パート・派遣など非正規労働者の賃金は、生活保護基準をも下まわる地域最賃をもとに地域的な労働市場で相場が決められており、その低水準が地域の正規労働者の賃金引き上げの重石となっている。したがって、地域の最低賃金引き上げや非正規労働者の賃金『底上げ』は、正規労働者の賃金引き上げにも直結している。職場での運動強化を土台に企業や産業の枠を越えた地域春闘へ結集することは、それぞれの産別組織の要求と運動の前進にとっても極めて重要かつ不可欠の課題となっているのである。」

「第二に、国民春闘の全国的発展にとっても、地域で働き生活している労働者と労働組合が、地方・地域労連などに結集し、地域住民や諸団体と一致する要求での共同、深刻さを増している地域の高齢化や経済破壊、公契約運動、地域医療や福祉、住民本位の公務・公共サービスの充実などを、地方政治の革新とも結合して地域春闘の課題として追求することが重要になっている。同時に、全国統一行動の一翼を地域から担い積極的に取り組むことは、これらの統一行動を全国の労働者・労働組合と共同・連帯して前進させ、財界・大企業や政府を包囲し、全国的に共通する諸課題実現の展望を切り開くうえで重要な意義を持っている。」

春闘は、1955年に「賃金共闘」として始まり、毎年、年度替わりの春に時期をあわせて、いっせいに賃金の引き上げ交渉を行う、日本の労働組合があみだした独創的な闘争形態です。職場を基礎に、地域を土台とする産業別の統一闘争を軸にしつつ、産業別闘争を特定の時期に集中、連携して展開することで、日本の労働組合の特徴である企業別組合の弱点を克服し、全労働者への波及効果をもたらそうとするものでした。1970年代に入ると、春闘は全国民的な課題を闘争課題にするようになり、1974年には史上最高の32・9%の賃上げとともに、年金制度の抜本的な改善をかちとるなど、国民春闘へと発展してきました。

ところが、1974年に財界が「大幅賃上げの行方研究委員会」を設置して以降、「管理春闘」と呼ばれる、財界あげての賃上げの抑制を行い、また労働戦線の再編とも連動しつつ労使協調的な組合による「賃上げ自粛論」などもあって、賃金闘争の停滞が続きました。

それにもかかわらず、春闘は続き、国民春闘が追求されてきました。全労連結成後しばらくの間、春闘時の地方・地域の課題は、職場の賃金闘争への相互支援、共同の学習集会や宣伝行動などとともに、その時々の課題に対応した市民的な共同の運動を組織することでした。賃金闘争の主役は産別組織であり、地域運動はそれを補完し、国民春闘としての運動を地域で広げていくところにあると意識されていました。

2000年代に入る頃から、1990年代後半に非正規労働者が増大し、法定最賃は低水準に固定化され、賃金の地域的な水準低下が労働組合の賃金闘争に否定的な影響を与えているることが顕在化し、地域からの賃金底上げ闘争が追求されるようになりました。地方・地域では、産別統一闘争と産別共同闘争を職場・地域から補完しつつ、企業ごとの最低賃金の設定やパート時給の改善などの職場のとりくみと連動して、地域包括最低賃金の引き上げ、増大する自治体の非正規職員の時給改善とパート時給の地域相場の形成など、賃金闘争における独自のとりくみを発展させていきました。その時々の国民的な課題、市民的な共同の運動とともに、賃金闘争の領域でも地域労働運動が独自の役割を持って登場してきたのです。こうした「地域春闘」は、全労連結成以後、着実に前進してきた地域労働運動の担い手としての、都道府県労連、地域労連の成長によって可能になり、形成されてきたものですが、非正規労働者や未組織の中小企業労働者など低賃金に置かれる労働者の増大、貧困と格差の広がりの中で、地域からの底上げ（「下から」の賃金水準の引き上げ、地域からの賃金相場の形成）を課題とする地域春闘は、春闘全体の中での比重を高めつつあります。

●地域共闘・地域総行動と自治体への要求運動

労働組合運動における「地域共闘」は、およそ3つのレベルで考えられてきました。

第1に、同一の全国的産業別組合に属する単組または単位組合による地域的な共同闘争です。争議における共同闘争や春闘における賃上げの労使集団交渉、あるいは労働協約闘争における統一闘争などで、組織的には産業別組合の地方本部や地域ブロックが中心になって共闘がかたちづくられていきます。

第2に、春闘時の共同行動、争議支援をはじめとする企業や産業を越えた、さまざまな産業別組織の単組・単位組織や地域の単独労組などによる地域の労働組合の全体的な共同闘争で、今日では、都道府県労連や地域労連など、全労連傘下の地方・地域組織によって共同闘争が組み立てられています。

第3に、こうした企業や産業を越えた労働組合の地域的な共同闘争は、全国的な課題での地域における運動展開や、地域におけるさまざまな問題での、市民団体や民主団体との市民的な共同の運動の中心的な担い手となって、地域の共同闘争を推進しています。

今日の地域労働運動は、地域におけるさまざまな労働者・労働組合の運動を意味するとともに、こうした地域共闘の展開を重要な構成部分としています。

地域運動においては、さまざまな形態の「地域総行動」が行われています。

1976年に「千代田総行動」が始まりました。これは1972年から始まっていた「東京総行動」が一つの土台になっていました。大阪では77年に「御堂筋総行動」が始まります。こうした総行動は、60年代からの労働組合の右傾化や分裂策動の中で、所属する組合や上部団体が組織として争議支援をしない事例が増えたことで、争議団や争議組合による地域的な「争議団共闘」が形成されるという流れを背景としていました。総行動では、中小企業労組を包み込み、争議の当事者である企業との交渉だけでなく、背景資本や関係する金融機関、関係する行政への働きかけ、地域での世論づくりの宣伝行動などが行われました。

こうした総行動は、80年代に統一労組懇運動が全国の各地域に広がり、89年には全労連が結成されて地方労連・地域労連が運動を発展させる中で、争議に限らず、春闘期の労働者要求実現に向けた自治体や関係機関、銀行などへの要請や地域的な宣伝行動などを含めた行動として全国に広がり、さらに、その時々の全国的な情勢に対応する課題やさまざまな地域要求を束ねて、地域の諸団体との共同による市民的な総行動としても発展してきています。商工団体などとの共同による「中小企業大運動」という形態もあります。

総行動の広がりとも連動しつつ、「自治体を暮らしを守る拠点に」というスローガンが立てられ、自治体への運動も進化・発展しました。多くの地域労連が対応する自治体への要求運動を行うようになり、また、都道府県内の自治体に対して統一した課題で要請を行う「自治体キャラバン」運動が、各地方労連を中心に、地域労連との共同作業でとりくまれるようになりました。この「自治体キャラバン」は、県民的な要求課題を掲げた「県民要求大運動実行委員会」や「社会保障推進協議会」などによる共同行動、地方労連または地方春闘共闘による、労働条件の底上げや地域経済振興などを掲げたキャラバン行動など、地方・地域の状況に応じた行動が具体化されています。地方労連によるキャラバン行動が、地域労連による自治体要求運動の力量を高めているという側面もあります。

自治体要求においては、賃金・労働条件の底上げや地域経済対策、中小企業振興条例や公契約条例などの施策を求めて、都道府県労連は対応する広域自治体へ、地域労連は対応する自治体への要請行動を行うことになりますが、こうした行動を蓄積することで、地方労連や地域労連が、都道府県や基礎自治体に対して、事実上の団体交渉権を獲得していくことにもつながっていきます。その意味では、春闘期の全国統一行動の一環として、さまざまな労働組合がいっせいに要求書を提出する時期にあわせ、地方労連・地域労連が「春闘における自治体への要求」を提出していくことも検討されてよいでしょう。

●春闘の再構築と地域

春闘は、その時々の日本の労働組合運動全体の力量の表現でもあります。統一指令塔としてのナショナルセンターあるいは中央の春闘共闘委員会の調整能力とともに、職場を基礎とした、産業別統一行動と地方・地域の闘争力の総体として、その力量が試されます。春闘の全国的な統一行動に呼応する地域での行動の具体化は、産業別組織の運動を支えるとともに、職場の闘争力を高め、春闘全体の社会的な影響力を広げていくうえで重要な位置にあります。

全労連・春闘共闘は、例年、2月末の要求提出、3月の回答指定と統一行動を設定するとともに、その前段の2月段階で地域総行動を配置しています。呼応して、地方・地域では、早い時期から企業・産業を越える地域共闘としての共同の学習決起集会などにとりくみ、地域総行動で春闘の高揚をつくり、国民春闘の幅を広げていきます。

加えて、労働者の労働組合への関心が高まる春闘期こそ、未組織労働者の組織化をすすめ、広範な労働組合の春闘への結集を図るとりくみも、地域春闘の重要な課題です。さらに、「ブラック企業」の顕在化に象徴されるような、大企業の労務政策に対する反撃や中小企業経営者の労働問題への無理解をただしていく活動も必要になっています。地域経済の活性化をめざす中小企業との共同も追求する必要があります。この点では、中小企業家同友会※の「中小企業における労使関係の見解」なども参考にしてよいでしょう。

1975年以来、春闘の「連敗」が続いています。1997年を境に、労働者全体の賃金は低下し続けています。財界や一部の労使協調的な組合から、「春闘」をなくそうとする策動もくり返し行われました。ある組合は「賃闘」と言い換えて春闘の意義を賃金改定に矮小化し、「春季生活闘争」といって「マスコミ等では春闘と呼ばれている」などと説明し、「春闘の終焉」が語られ、春闘ではなく「春討」と言い換えることで「闘争」ではなく「討議の場」にすり替えようともされてきました。

にもかかわらず「春闘」は生き続け、国民春闘への発展を止めることはできません。地域労働運動の前進は、生き続ける「春闘」への新たな息吹となり、全国の各地からわき出すような労働者のエネルギーをくみ上げて、春闘再構築への確かな力になろうとしています。

※中小企業家同友会全国協議会（中同協）は、各都道府県で結成されている中小企業家同友会の全国的な協議体です。「中小企業における労使関係の見解」を公表しており、「対等な労使関係」「問題の処理について」「労働運動への期待」「労使双方にとっての共通課題」などについて、中小企業の視点での労働組合に対する考え方を示しています。「見解」は、中同協のホームページに掲載されています。

第3章 組織強化と草の根の共同を発展させる地域運動の展開

1 すべての労働者を視野に、労働者の要求実現をめざすたたかい

●地方・地域における賃金闘争の視点

１９９７年以来、労働者の賃金は低下し続けています。今日の賃金闘争は、労働者の要求を実現し、その生活と権利を守るたたかいであると同時に、年金制度や生活保護などにも連動する全国民的なナショナルミニマムを確立するたたかいでもあり、また、内需を高め日本経済を再生していくための大義ある課題になっています。

地方・地域からの賃金闘争について、３つの視点から考えてみます。

第１に、地域運動における賃金闘争は、通年闘争にならざるを得ません。

春闘時の民間の賃上げ闘争、夏の法定最低賃金（地域包括最低賃金）の改定、夏から秋にかけての公務員の賃金闘争と人勧（人事院勧告）に準拠して賃金が確定する職場の賃金闘争などが連動して、労働者全体の賃金水準が形成されることから、地方・地域における賃金闘争は年間を通したたたかい＝通年闘争にならざるを得ません。春闘をはじめ、それぞれの時期に求められる課題に集中して企業や産業を越えた共同闘争を組織しつつ、その時々の運動が連続的に波及していくことによって、地域からの賃金底上げと相場形成の運動が前進、発展するのです。

第2に、地域の賃金相場を把握することで運動の目標も見えてきます。

春闘時の賃金闘争は、産業別闘争の課題として職場のたたかいが組み立てられますが、非正規労働者が増大した今日では、地域の時給の相場や自治体の非正規職員の水準と地域最低賃金などが相互に影響しあっていますし、正社員の賃金も、地域の産業構造や中小企業の状態などによって相場が形成されています。大企業の城下町のような地域、零細の中小企業ばかりの地域、工業地帯と農業地帯など、その地域の実情にあった賃金闘争が必要になってくるでしょう。そのためには、賃金実態の調査活動や未組織労働者及び中小企業家を含めたアンケート調査などが重要な意味を持ちます。そうした調査活動は、対話を広げ、問題意識を共有する世論づくりにも効果的に連動します。

地域に現れる生きた現実を見ること、そのうえで、たたかう主体はどこにいるのかを検討することによって、依拠すべき労働組合の存在が見えてきますし、雲をつかむような未組織労働者の存在に目が向き、組織化運動のターゲットも明確になっていくでしょう。

第3に、春闘をはじめとする全国統一闘争への労働者の結集を促進する役割です。春闘時の賃金闘争は、ナショナルンセンターや春闘共闘委員会を統一指導部とする全国的な統一闘争に産業別全国組合の力を集中していきますが、より多くの労働組合が全国闘争に参加することで闘争力や波及力が発揮されていくのですから、地方・地域から、重層的に労働者・労働組合の全国統一闘争への参加を促進していくことが、より闘争力を高めていくことになります。産業別組合の団結力とともに、地方・地域から企業・産業を越えた連帯を広げ、職場の闘争を支えあい、地域的な共同のたたかいを前進させながら、分厚い全国統一闘争を形成していくのです。春闘時の地域総行動は、春闘における全国統一闘争への参加を、すべての労働者に対して呼びかけていく役割を持っているのです。

●地域における賃金底上げ闘争の構造

非正規労働者の増大、労働者全体の賃金水準の低下は、今日の最低賃金闘争の意義を高めています。法定の最低賃金は地域格差が大きく、全国的な運動課題として、全国一律の最低賃金制を確立することの重要性はいうまでもありません。一方で、地域別最低賃金を引き上げていく運動は、地域から低賃金労働者の賃金を引き上げていく実効ある運動です。

地域における法定最低賃金（地域別最低賃金、最低賃金法9条）の引き上げは、地域の賃金水準を「底上げ」していくうえでの、制度上の下支えになるものです。地域別最低賃金は、中央の最低賃金審議会が毎年7月末頃に提示する「目安」を参考に、都道府県ごとに、最低賃金審議会の答申を受けて労働局長が決定しますから、中央と地方が相呼応した最低賃金審議会への働きかけが重要です。地方では、審議会への意見書提出、意見陳述、審議会会長との懇談や審議会委員への働きかけ、団体・個人による署名運動などにとりくみます。最賃審議会の委員は、公益委員、使用者代表、労働者代表の三者で構成されており、労働者側委員が連合系の組合代表で独占されている現状では、地方・地域のすべての労働者を代表すべきという立場から、連合系の委員との懇談も積極的に位置づける必要があるでしょう。

最低賃金の引き上げとともに、企業や事業所ごとの企業内最低賃金の引き上げは、地域の相場形成に影響します。企業・事業所ごとの団体交渉で、非正規労働者を含めた最低賃金の設定、あるいは事実上の最低賃金となる高卒・中卒の初任給を引き上げていくことで、地域の最低賃金の相場が形成されていきます。労働基準法1条に「この法律で定める労働条件の基準は最低のものであるから、労働関係の当事者は、この基準を理由として労働条件を低下させてはならないことはもとより、その向上を図るように努めなければならない」とあるように、企業内において法定最低賃金に違反しないということだけでは法の趣旨に反します。こうした企業ごとの最低賃金を引き上げていくために、同一産業あるいは同業種の事業所の労働組合による共闘（情報を共有しながら相互に団体交渉を支援していくことや、建交労や全印総連などで行われているような地域ごとに使用者と労働組合が集団交渉を行うという形態もあります）で産業・業種ごとの最低賃金の水準を引き上げ、また、地域労連・地域春闘共闘で引き上げ目標を設定し、産業・企業を越えて、個々の企業や使用者団体に働きかける共同行動を展開すること、労働組合のある事業所では団体交渉に地域労連が参加していくことなどを通じて、地域的な最低賃金の労使協定による相場を形成していきます。

特定の産業・業種における企業ごとの最低賃金が、その地域の事業所の多数になれば、最低賃金審議会の審議を経て、特定最低賃金（最低賃金法15条）を設定することもできます。労組法18条（地域的の一般的拘束力）には「一の地域において従業する同種の労働者の大部分が一の労働協約の適用を受けるに至つたときは、当該労働協約の当事者の双方又は一方の申立てに基づき、労働委員会の決議により、厚生労働大臣又は都道府県知事は、当該地域において従業する他の同種の労働者及びその使用者も当該労働協約の適用を受けるべきことの決定をすることができる」とあります。今日の組織率の状況では、簡単な課題ではありませんが、地域運動の発展方向を考えるうえで、留意すべきことでしょう。

地域の賃金相場を引き上げていくうえでの自治体の役割も重視されています。

一つは、自治体が雇用する非正規職員の、最低賃金すれすれといった低賃金に置かれている状況を改善していくことです。自治体という地域全体に影響力を持つ公的な機関が低賃金実態をつくり出していることが、地域の非正規労働者の低賃金の重石になっています。

もう一つは、自治体が民間事業者と契約する公共工事や公共サービスにおいて、一定以上の賃金が保障されるよう、必要な予算と契約のルールを確立していくことです。こうした自治体への働きかけは、公契約の適正化運動として、２００９年に千葉県野田市で公契約条例が制定されたことを契機に発展し、全国で地方労連や地方春闘共闘による「自治体キャラバン」がとりくまれ、また、地域労連による自治体要請の主要なテーマにもなっています。

公契約の適正化の運動においても、関連する民間事業所における協約闘争が重要です。当事者の要求運動なしに賃金は上がりません。ＩＬＯは、公契約にかかわる労働者の賃金は、地域の同業種の一般的な水準を下回らない額とすることを求めています。公契約条例で公共工事や公共サービスに従事する労働者の賃金下限額が設定される場合も、多くの場合は公益委員、使用者代表、労働者代表による審議会での審議によることとされていますから、関係する労働者の要求運動やその職場での労働協約闘争が重要な位置を占めるのです。また、公契約条例の制定をめざす運動は、地域における賃金底上げ・労働条件の改善とともに地域における経済ルールの確立をめざすものであり、中小企業家などとも連携して、地域からの経済ルールの確立、地域経済の民主的な循環と活性化をめざす労働者、事業者、サービスの受け手である市民の共同の運動の構築が求められています。

公契約条例の広がり

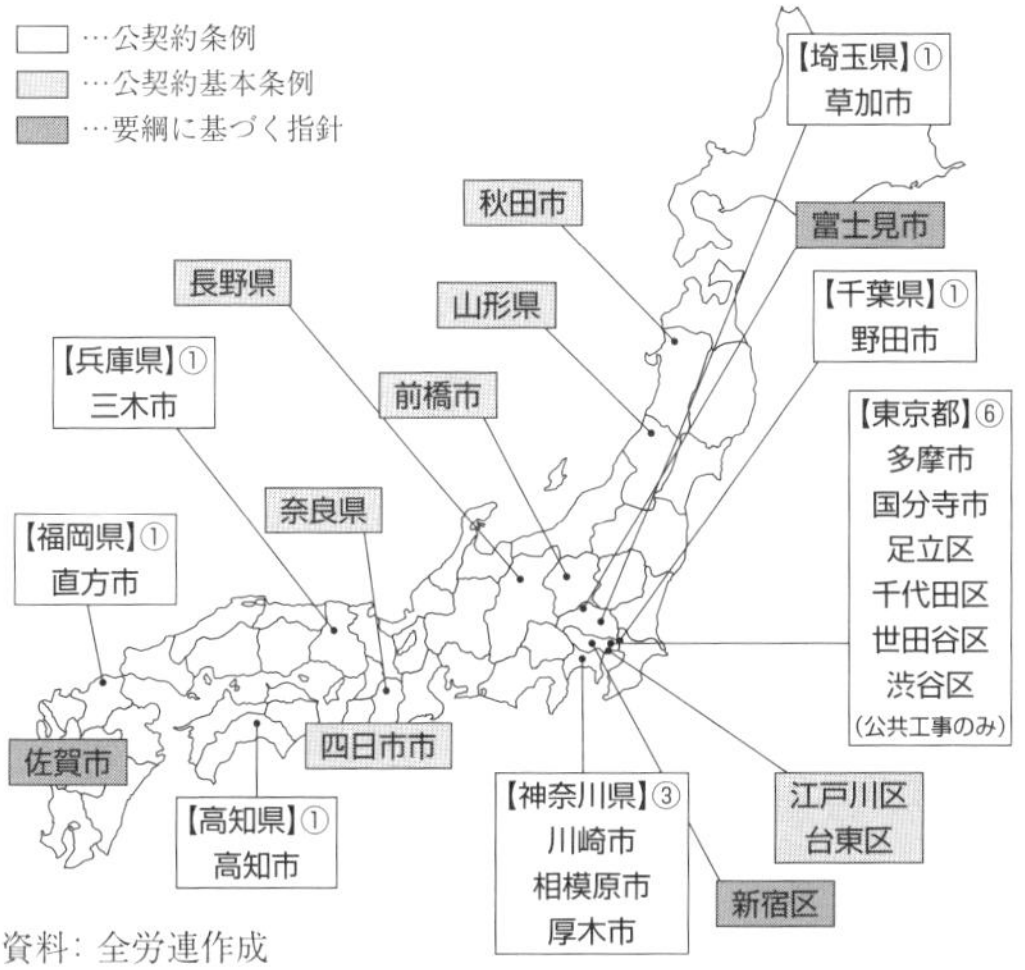

資料：全労連作成

こうして、法定の地域最低賃金の引き上げ、企業・事業所ごとの労働協約闘争、公契約の適正化運動が連動しながら、地域からの賃金底上げの運動がすすんでいきます。全国的な統一闘争とも呼応し、個別の労働協約闘争をヨコにつなぎ、最低賃金審議会や自治体への働きかけの共同のとりくみなどによって、地域からの賃金底上げが一歩一歩前進していくのです。

●ディーセントワークの基盤を地域からつくっていく

雇用と権利を守るたたかいは、全国的な情勢の地域的な現れとしてのさまざまな問題に向きあいながら、経営者と対峙し、自治体への働きかけや関係する公的機関を活用し、たたかいの中で労働者を組織していくとりくみです。今日的には、「ブラック企業」を地域から根絶していくたたかいも視野に入ります。ＩＬＯが提唱するディーセントワークは、①人間らしい生活ができる雇用の確保、②労働者の人権が保障されること、③社会保護・社会保障が十分であること、④労働者の社会参加、の4つを戦略目標とし、そのいずれにおいても男女平等が貫かれることとしています。地域における雇用と権利を守るたたかいは、ＩＬＯが提唱するディーセントワークの基盤を、地域からつくっていく課題ともいってよいでしょう。

争議支援では、争議をたたかう労働組合や労働者などの当事者の要求を大事にしながら、上部団体など当該の産別組織の指導にもとづきつつ、弁護士など専門家の力も借りながら、状況に応じて、地域労連や地域の労働組合、支援者を含めた支援共闘会議などの支援体制をつくっていきます。当該の事業所の労働組合が支援をしない個人あるいは少数の労働者による争議、上部団体のない独立組合の争議、労働組合のない事業所での個人争議など、さまざまなケースに応じて、場合によっては都道府県労連や地域労連が指導責任を持ち、必要な支援を行うことになりますが、大切なことは、社会的な共感を組織し、市民的な支援を広げていくことです。

労働者の権利を守り、争議を解決していくうえでは、地域の労働基準監督署や各都道府県に設置されている労働委員会、裁判所の労働審判なども積極的に活用すべきです。集団的労使関係（使用者と労働組合の関係）では、団体交渉に応じない場合や対応が不誠実な場合、あるいは労働組合の活動への介入、労働組合からの脱退や組合に入らないように呼びかけるなどの使用者による不当労働行為（労働組合法7条）があった場合、労働委員会に救済の申し立てができます。また、労使双方が譲らず、交渉が行き詰まった時には労働委員会のあっせんを申請することもできます。個別的労使関係（労働者個人と使用者の関係）では、労働基準監督署への相談、労働審判の申し立てなどが可能です。ただし、公的な機関は、労働組合法や労働基準法にもとづいて労働者を保護すべきものですが、使用者団体からの働きかけもあり、政治的な力関係も影響しますから、社会的な運動の到達に応じて、労働法の解釈も使用者寄りになってしまうこともあることに留意が必要です。公的機関を活用する場合、しばしば判断の基準に「社会通念上」という言葉が使われるように、地域における「社会的な通念」、つまり社会常識としての労働者の権利が一般化することが必要ですし、何より、労働者個人及び労働組合の権利意識や職場でのたたかう力を高めておくことが大事です。職場においては、労働組合活動の自由を確保するために、組合事務所と掲示板の確保、組合役員に対する一定時間内の活動の自由や勤務時間の配慮と転勤等の制約、労働時間内での団体交渉、団体交渉への上部団体や地域労連の参加、メーデーにおける特別休暇、三六協定の厳格化など、組合活動の権利を拡大していく努力も必要です。地域では、個々の職場でのこうした権利を学びあい、地域のさまざまな職場に広げていきましょう。

団体交渉権は、日本国憲法28条で保障された権利です。個々の職場では、日常的に対等の立場での団体交渉で問題を解決するという健全な労使関係を確立する努力が欠かせません。加えて、地域運動の課題として、使用者団体や自治体及び公的な機関への要請・懇談をくり返す中で、具体的な問題を解決する機能を確立していくことをめざし、地方・地域労連と対応する自治体、使用者団体等との事実上の団体交渉権を確立していくことも意識してよいでしょう。

新自由主義的な風潮のもとで、目前の利益のみを追い、あるいは中小企業の経営困難を労働者にしわ寄せする傾向が広がる中で、労働者の権利を社会常識として一般化していく活動も重視しなければなりません。中小企業家との関係では、中小企業家同友会全国協議会による「労使関係の見解」は優れたものですので参考にしてよいでしょう。[※]良質の雇用、人権の確保、社会保障、労働者の決定への参加というＩＬＯによるディーセントワークの枠組みを地域に根づかせていく活動は、地域運動の新たな課題になっています。そのために、個別の労使だけでなく、使用者団体や自治体、関係する公的機関などを視野に入れた団体交渉権を拡大し、社会的な視点での雇用・権利闘争をすすめていく担い手として、力

※75ページ参照。

量を強めてきた地域運動が立ち現れてきています。

労働組合の組織率の低下や既存の労働組合の闘争力の弱体化などもあって、地域ではさまざまなかたちで労働者の権利の侵害が起きています。全国展開する「ブラック企業」を地域から告発していく活動も必要です。すべての労働者を視野に入れた宣伝活動や労働相談活動に旺盛にとりくみながら、地域から、雇用と権利を守る労働組合のたたかう姿を見せていくことが求められています。

2 草の根からの市民的な共同と政治革新

●市民的な共同闘争と民主的な自治体づくり

さまざまな分野で社会運動が高揚しています。憲法を守り活かすたたかいや社会保障制度などの全国的な課題とともに、労働者・市民が生き働く地域では、さまざまな要求が顕在化し、共同の運動がつくられています。地域に渦巻く生活要求を束ねて地域から網の目の共同行動を組織していくうえで、さまざまな分野の民主団体や市民団体と日常的なつながりをつくり、情報を共有し、具体的な共同行動を積み重ねていくことが必要です。

今日、原発問題や貧困・社会保障、憲法問題など、全国的な課題での「一点共闘」が注目されていますが、地域においては、自治体の施策やまちづくりをめぐって、あるいは全国的な課題での世論づくりをめざして、限定的な課題での共同行動とともに、多彩な要求を集めて集中行動を行う「総行動」の形態での共同行動など、さまざまな経験が蓄積されています。こうした共同行動の発展を、地域からの政治革新の力にするとともに、労働者・市民の要求を自治体の施策に反映させ、国の悪政から暮らしを守る民主的な自治体をつくっていく力にしていくことができます。

地方自治体における首長選挙では、対応する都道府県労連や地域労連が中心になり、要求や政策で一致し、協力・共同を重ねてきた政党とともに、無党派・共同の候補者を擁立し、選挙戦の中で、仲間の政治意識を高めつつ、共同の戦線を拡大していきます。

要求で団結した運動の中で、民主主義を学び、政治のあり方を考える力が、労働者・市民の中に蓄積され、それが地域を変え、政治を変える力になっていくのですが、だからこそ、都道府県労連や地域労連の「束ねる力」と系統的な運動の組み立てが求められるのです。

地方・地域のローカルセンターは、こうした地域からの政治革新の力を、全国的な統一戦線の発展につないでいく位置にあります。

憲法、貧困と社会保障、労働者保護法制、原発問題、地域経済など、全国的な課題は地域に具体的な問題として現れてきます。憲法問題では、教育への管理統制や露骨な政治介入、憲法学習会などへの公的な施設の貸し出しの拒否、平和資料館などの展示物への政治介入などが行われていますし、社会保障制度の改悪は自治体の施策と市民の暮らしを直撃し、労働者派遣法の改悪や労働法制の規制緩和は労働者の仕事と暮らしを破壊します。地域の共同の運動は、こうした具体的な現れに機敏に反撃するとともに、要求実現を阻んでいる根っこの問題、大企業とアメリカ優先、改憲をめざす政治から、憲法を活かす民主的な政治への転換を求める政治革新のたたかいに発展していきます。全国的な統一戦線運動は、血の通う人間の営為として地域で展開され、地域の運動は全国闘争への発信基地になります。ナショナルセンターに結集し、地域で展開する労働組合運動だからこそ、そうした運動の結節点になり、運動の推進役としての役割が期待されるのです。

●地方・地域組織の3つの市民権の確立

地域における社会的な影響力を高めていくということは、地方労連・地域労連が地域社会の中で市民権を確立していくことです。それは、労働者・労働組合の中での市民権、住民運動・市民的な共同における市民権、そして自治体や地方政治における市民権という3つの分野での市民権の獲得・確立をめざすということです。

労働者・労働組合の中での市民権は、地域の労働者の多数から信頼しうるセンターであり、労働問題に関して社会的な発言力や自治体・使用者団体などとの交渉力が、地域社会の中で認められていくということです。

住民運動や市民的な共同における市民権は、民主団体や市民団体との連絡や団体間の調整をしてまとめていく力があり、何かの問題で運動を起こそうとする時に、地方労連や地域労連の存在を抜きにはできない、何かと運動づくりの相談が持ち込まれる、そういう状況をつくっていくことです。

自治体や地方政治における市民権は、地方労連や地域労連を無視して施策を展開することができない、何かの時にはその意見を聞かなければならない、自治体の新たな施策の立案や議会活動において、地方労連や地域労連の存在が気になる、といった状況をつくることです。選挙戦においても労働組合の動きが影響し、とりわけ首長選挙においては労働組合の動きが政治動向に大きな影響を及ぼすということになれば、要求実現の大きな力になるでしょう。

そうした力が大きくなるごとに、地方・地域においてマスコミなどへの影響力も広がり、また、マスコミとの関係が深まれば、3つの市民権を拡大していくことにもなります。

労働委員会や最低賃金審議会、あるいは自治体の各種の審議会などでは、意図的に全労連傘下の組合が排除されています。地域労働運動の前進・発展とともに、労働者・労働組合の中での存在感を高め、民主団体の中核としての市民的な影響力を広げ、自治体との関係や政治的な力量を強めながら、各種の審議会の民主的で公正な運営を求めていく運動を強めていくことによって、全労連系の組合に市民権を与えないようにするという権力者の側の策動を乗り越え、ＩＬＯのディーセントワークに示される「労働者の社会参加」の実現を迫る力になっていくでしょう。

③ 広範な労働者の結集と共感力のある運動づくり

●地域における組織拡大運動の「構え」

すべての労働者を視野に入れた地域運動を展開するという戦略的な見地からは、労働組合の組織拡大、未組織の組織化の大きな可能性が見えてきます。地域には、さまざまな不満や要求を抱えた労働者が、悪政のもとで大量に生み出されていますから、労働組合と未組織労働者の接点は、大きな規模で存在します。「市民」の多くは労働者やその家族ですから、「一点共闘」など、市民的な共同の運動の中で醸成される労働組合への信頼は、未組織労働者との接点を拡大し、組織化の可能性を膨らませます。

こうした条件のもとで、全労連や産業別組織は、職場での組織拡大とともに、地方を舞台に、産業別組織の協力で、介護労働者などを対象にした「総がかり作戦」を展開するなど、組織拡大運動に力を注ごうとしています。

地方・地域における組織拡大、未組織労働者の組織化の運動では、いくつかの「構え」が必要になります。地方労連や地域労連は組合ごとの加盟で成り立っているため、組織拡大方針を提起しても、まずは自分の職場ということになり、加盟組合がなく広大な空白になっている分野の労働者への働きかけは薄くなり、大きな可能性に迫っていけないのです。

第1に、地方・地域の労働組合運動は、「すべての労働者」を視野に入れ、さまざまな課題での共同を広げ、その影響力を広げていきます。そうした運動のすべてを組織拡大に結実させるという構えが必要なのです。逆にいえば、未組織の組織化、組織拡大に結ぶことを意識して、さまざまな運動にとりくむということです。

また、「すべての労働者」を抽象的に見るのではなく、その地域の産業構造やさまざまな分野の労働者の状態、中小企業の経営実態や非正規労働者の就労形態などを具体的に把握して組織拡大の戦略を構築していくことも必要でしょう。

第2に、地方・地域での組織化運動は、産業別組織との共同で前進させていくことになりますが、実際には、地方組織・地域組織は産業別組織の下部組織が加盟して構成されているのですから、「すべての労働者を視野に入れた」組織化運動の主体は産業別組合の組合員であり、自分が所属する組合の拡大と地域組織に結集した共同のとりくみとしての拡大運動という二重の行動にとりくむわけです。そこで、地方・地域の組織拡大の共同行動は、特定の地域や分野への働きかけの共同の集中行動（例えば、チェーン店へのいっせい訪問や特定地域での宣伝行動）や関連する事業所での拡大運動の協力（例えば、自治体労働組合が委託先の民間事業所の労働者に働きかける）、あるいは拡大対象者の紹介など、拡大の共同行動を重ねながら参加者の視野を広げ、地方・地域組織に結集して新たな分野での仲間づくりの面白さを楽しむような気風をつくっていき、そうした共同行動の中で「すべての労働者」を対象とした拡大運動の大義を学びあうことです。そのために、地域における共同の組織化キャンペーンや行動計画の工夫なども必要になるでしょう。

第3に、大きな可能性を持つ地域からの組織拡大運動ですから、運動の規模も大きく構えれば構えるほど可能性も見えてきます。一方で、主体的な力量の強化なしにはすすみません。組織拡大のための大量宣伝や日常のさまざまな活動の中で労働組合の顔が見える工夫を重ねることで未組織労働者との接点を広げながら、実際に未組織労働者との対話にと

〈組織化運動の地域的な〝総がかり〟作戦〉

全労連は、2012年を初年度とする組織拡大強化の中期計画において、単産と地方組織の連携による産業・業種などを特定化した「総がかり作戦」を提起し、介護・ヘルパー分野を中心にその具体化が図られまし

た。各地の「総がかり作戦」では、事業所訪問、関係労働者の研修会、労働相談、組合紹介キャンペーンなどのとりくみが、関連する産業別組織と地方・地域組織の共同で展開されています。

こうした行動は、各地方・地域でも、独自に計画してとりくむことができます。

埼玉では、１９９９年から２００４年までの5年間に、新規結成を含む75組合が新たに埼労連傘下に加わりました。その間、２００２年春闘の集中宣伝・訪問行動日には、空白となっている秩父郡市の自治体に自治労連の旗を掲げようと、民間を含む5つの県単産の役員が泊まり込み、地元の地域労連と共同して9自治体で早朝宣伝を行いました。また、春の拡大月間の中では、生協の流通センターで、建交労と生協労組が共同して深夜のトラック労働者への宣伝活動を行いました。ある小売・サービス業のチェーン店で働く労働者からの相談を契機に、30人の幹事会メンバーが総出で県内１００店舗訪問を行うなど、埼労連幹事会がつなぎ役になりながら、単産・地域組織が協力した組織拡大の作戦が展開されたのです。こうした中で、個人加盟の埼玉ユニオンも結成されました。

今日、「ブラック企業」が問題視されるように、労働者の無権利状態と労働条件の悪化は多くの地域で広がっています。低賃金と人員不足が常態化し労働者の離職率も高い介護分野では、高齢化の進行のもとで、どこの地域でも事業所が増えていますし、労働者の状態の改善が介護サービスの質の向上にもなるのですから、社会的な大義のある組織拡大運動が展開できるのではないでしょうか。地域の労働者全体を視野に入れて考えれば、産業別組織と地域労連の共同で、集中的な組織拡大運動にとりくむ対象が見えてきます。

こうしたとりくみを具体化するためには、行動に参加する仲間を増やすことと、関係する産業別組織の協力を得ることが必要です。都道府県レベルの単産の協力も得て、地域労連としての独自の「総がかり作戦」を工夫し、組織拡大をすすめる力をつけていきたいものです。

りくむ仲間を増やしていかなければなりません。要求実現の保障づくりとしての拡大運動、地域からの「すべての労働者」を視野に入れることなど、組織拡大の大義をくり返し語り、わかりやすい行動提起と参加しやすい行動形態を用意し、多くの仲間に情報を届け、話しあう場をつくり、加盟組織の中に議論が波及していく工夫もして、全組合員参加の運動づくりをめざしていくことが大事です。

「総がかり作戦」は、産業別組織（単産）と地方・地域組織が連携し、特定の分野に組織化のターゲットを絞り、地方・地域組織を構成する組合が協力しあって行動にとりくむ戦略的なとりくみです。中央単産からのオルグも参加して、計画段階から作戦を練っていきますが、その成否は、地域におけるどれだけの単組からどれだけの組合員が行動に参加するかにかかってきます。組織拡大の実践を通して、地域の労働者の状態を広い視野で把握する新たな活動家を大量につくり出していく契機ともなります。「総がかり作戦」は、地方・地域の場でこそ可能になるダイナミックな行動形態であり、それは、地域組織を本格的に強化していく力にもなるでしょう。

地域からの組織化運動は、それを担う活動家を運動の中で生み出しつつ、その力量を高め、また到達に応じて着実に前進していくのです。

●組織化運動とローカルユニオン

組織率が2割を割り込んでいるという現在の労働組合の組織状況においては、組織化運動を前進させるうえで、地方・地域で組織される個人加盟のローカルユニオンの存在を必然としています。

地方・地域の現状では、接点を持った労働者を受け入れる産業別組合がない場合があります。県レベルに対応する産別組織があっても専従者がいないため、地理的に日常活動の対応ができないという場合もあります。一方で、非正規労働者の増大で労働者の流動化が進行し、労働者の就労形態から特定の産業別組合への加入が困難なケースもあります。

労働者と労働組合の最初の接点が地方労連・地域労連であっても、産業別組織との共同作業で既存の組織に加入し、職場組織をつくっていく方向が求められますが、その条件が困難な場合や不安定就労あるいは固定した職場を持たない労働者には、個人加盟のローカルユニオンが必要

全国で結成・活動しているローカルユニオン

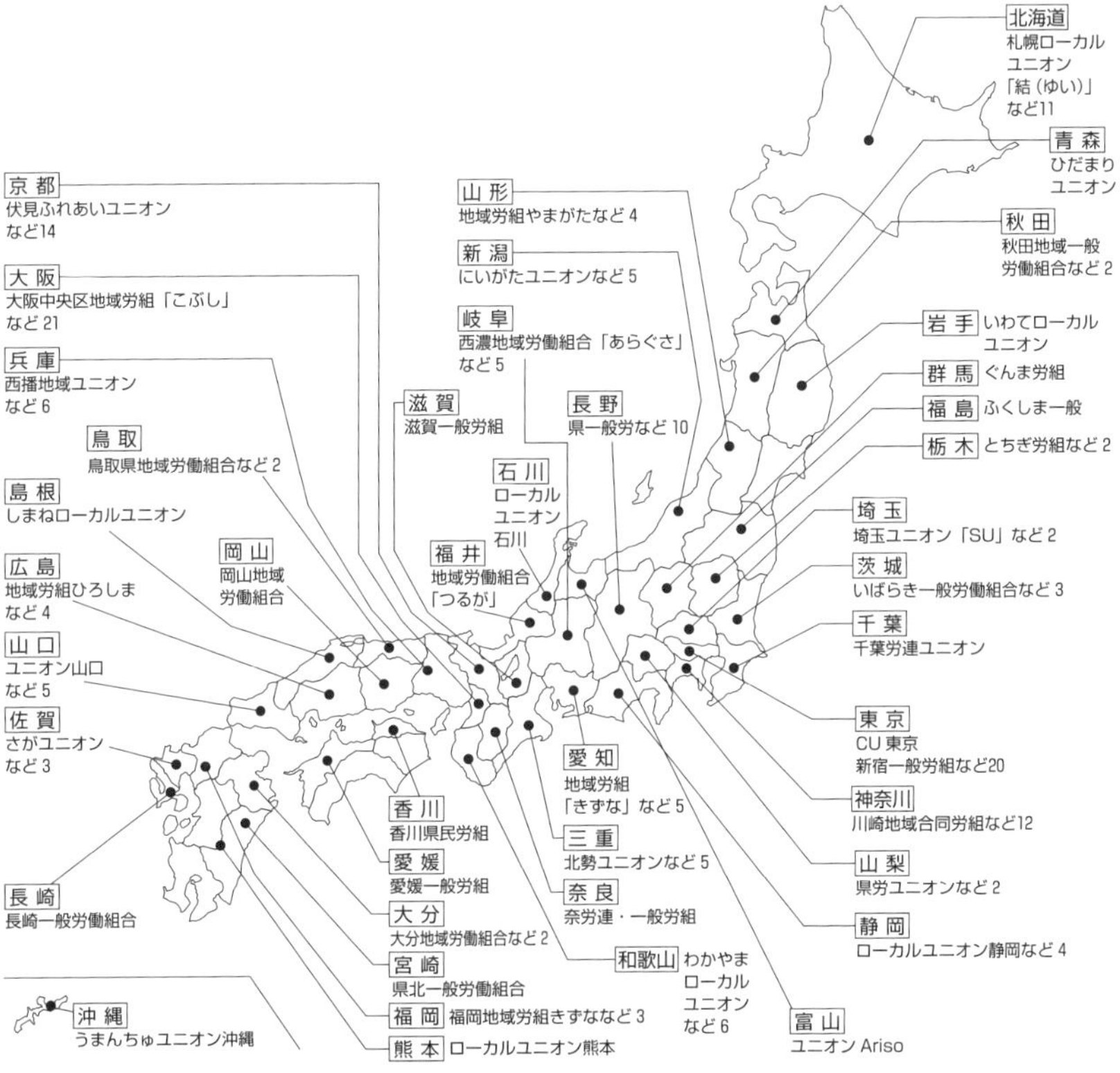

資料：全労連調べ（全国177組合　2015年６月現在）

になります。地域における既存の労働組合の組織状況とその労働者自身の存在形態に応じた対策が必要なのです。労働組合が、地域を舞台に「すべての労働者」を視野に入れ始めたこと、また、非正規の雇用形態など、労働者の状態変化が、個人加盟のローカルユニオンを必然にしているのです。

ローカルユニオンが機能し、発展していくためにはいくつかの課題があります。

第1に、団体交渉等により、加入した労働者の抱えている問題の解決を図り、あるいはその要求を実現していくための活動ができるという、労働組合の基本機能を持つことです。

第2に、紛争解決に有効な手段として機能するだけでなく、団体交渉によって問題解決を図ることによって、労働者が組織の力を知り、団結の意味を学び、さらに、労働者として生き、働き続けていくための「拠りどころ」になっていく場として機能することです。要求をくみ上げ、交渉能力を持ち、共済制度の活用などの助けあいや世話役・相談活動、労働者教育を含めた日常活動を継続していく力量を持つ必要があるということです。

第3に、地方・地域労連と連携して成長しつつあるローカルユニオンは、統一行動を組織し、地方・地域組織の提起するさまざまな運動に参加することによって、組合員が成長し、またローカルユニオンの存在が社会的に知られていくことによって、力のある労働組合になっていきます。

産業や業種を越えて、地域的に個人単位で加入するという組織構成から、職場単位に組織する産業別組合と比べて「統一要求」が形成されにくいということがあります。仲間を結集するための要求や課題づくりには丁寧な議論が欠かせません。異なる職場で働いている組合員同士が顔をあわせ、お互いの状況を知り、日常的に接して仲良くなっていくことには意識的な努力が必要になりますから、連絡役や世話役を確保し、民主的な組織運営に工夫が必要です。組合員の多くが低賃金の労働者であれば、専従者を確保するのはそれなりの規模が必要ですから、当面は、支え役としての地方・地域組織が直接、間接に関与しながら育てていくことが必要でしょう。地域の生活圏で組織していくという場合には、建設関係の労働組合の組織化や組織運営の経験に学ぶことも有益です。

個人加盟であっても、ローカルユニオンとして、組合員が働いている職場での組合員拡大を意識し、職場組織をつくっていくことも視野に入れるべきでしょう。その職場組織が一定の規模に大きくなっていけば、既存の産業別組合への加入や、新たな産業別組織の形成にもつながります。ローカルユニオンは、地域の個人加盟組合として出発しつつ、産業別組織を形成していく母体にもなり得るのです。

●広範な労働者の結集と共感力のある運動づくり

「すべての労働者」を視野に入れ、広範な労働者を結集していくためには、さまざまな労働者の多様な要求に応えていく、共感力のある運動をつくっていく必要があります。

地域における労働相談活動においては、問題解決の請負ではなく、相談者の状況に応じて、相談者みずからが解決していくための力をつけ条件をつくっていけるようにすることが基本姿勢として重要です。相談者自身が自分で話しあって解決できれば大きな紛争にならず、また職場の状況が改善されることもあります。解決の手法としても、さまざまな可能性を配慮することが必要ですから、相談には複数で対応していけば、より客観的な判断ができますし、相談活動に参加する人を増やしていくこともできます。既存の産業別組織やローカルユニオンの役員との連携、弁護士や専門家との協力体制を日常的に確保し、団体交渉での解決を基本に、労働基準監督署などの公的機関の活用や労働審判、裁判闘争などの活用も適時判断していくようにします。

共済制度の活用を軸にした労働者福祉運動は、職場の問題だけでなく、労働者の生活を丸ごと支援していく活動として、ローカルユニオンはもちろん、すべての労働組合にとって大事な活動です。資本主義の成立とともに生まれた労働組合の、その最初の形態に、低賃金で不安定な生活を補い支えあう「友愛運動」があったように、労働者が生活を支えあう、人生を支えあうという営みは、日常的な団結の基礎となります。労働組合がストライキでたたかう場合も、日常的な団結が土台にあり、支えあって生きていけることが、きびしいたたかいに堪えて団結を維持していく力になります。労働組合の共済制度や労働金庫の活用などの労働者福祉運動は、被搾取階級としての労働者の階級的な存在から、なくてはならないものです。生活不安や将来の不安に備えるための労働者のわずかな貯蓄を、生命保険・損害保険などの保険大資本やメガバンク（巨大銀行）の投資と資本蓄積の道具にさせないという意味でも、労働組合の自主的な共済・福祉運動を、あらためて、階級的な視点で位置づけ、再構築していくことも労働運動の課題になっています。

職場や暮らしの中から生まれる一致する要求での運動課題だけでなく、より多くの労働者の結集を図っていくためには、共感力のある運動づくりが必要です。その点では、地域

〈建設労働組合の〝集まる努力〟と組織拡大〉

80年代に急速な組織拡大で注目された、首都圏の土建労組など、全建総連傘下の建設労働組合は、建設現場で働く労働者を組織し、現場の工事が終わると職場が移動するという就労の条件から、居住地を基礎に組織を構成しています。また、従来、町場で施主と直接結びついていた職人たちも、その多くが大手建設企業の下請けに組み込まれるようになっており、要求運動においても、仕事の確保と賃金の相場形成、税・社会保障などの制度闘争や経済の民主的ルールを求める社会的な運動に力点が置かれ、共済制度などの仲間の助けあい活動にも熱心です。

居住地で組織されているので、組合の組織運営にも特徴があります。執行委員会などの機関会議や基礎組織としての分会・班会議についても、現場での仕事を終え、帰宅した後にあらためて組合事務所や仲間の自宅に出かけていくということなので、「集まる」ために特別な努力が必要になるのです。欠席した仲間に会議の内容を伝えることやニュースを届けて組合がとりくんでいることを伝えるといった活動を重視し、顔をあわせる機会を意識的につくって世間話をすることを大事にし、何かあった時に面倒を見あう、助けあい活動などが組織としての結集力をつくっています。

こうした、不断の「集まる努力」「集める努力」は、組織拡大運動で大きな力を発揮します。組織拡大月間を設定し、集中的に「組織拡大のために集まる」ことで、組織拡大運動への仲間の参加を広げていきます。組織拡大の対象者は、現場で一緒になった労働者、近所づきあいの中で知りあった人など、一人ひとりの組合員が意識すればたくさんの拡大対象者に声をかけていくことができます。「集める」「集まる」努力の結果としてどれだけの仲間が顔をあわせて話しあったか、その規模が組織拡大の規模に反映するのです。

の労働者を対象とした、大衆的な学習活動を運動化することや、文化・スポーツ要求に応える活動もまた重視されなければなりません。

その時々の情勢に対応した地域的な開かれた学習会の開催とともに、労働者教育協会や地域の学習運動組織と連携し、『学習の友』の活用や勤労者通信大学への参加などで、系統的な労働者教育、労働者としての基礎学習をすすめていくことは、労働組合運動の大きな力になります。

労働者は、音楽、映画、演劇、絵画、文芸などの文化に接し、またさまざまなスポーツ要求を持っています。こうした分野においても、労働組合が地域に開かれた文化・スポーツに触れる機会をつくり、あるいは自主的・市民的な文化・スポーツ団体と協力していくことは、地域社会の中で、労働者の連帯感を構築し、労働組合の存在への認識を、共感力を持って広げていく大きな力になるでしょう。

4 地方労連・地域労連のセンター機能の確立

●地域労連のセンター機能の基盤の確立

地方・地域の労働組合運動を前進させていくうえで、地方労連・地域労連が、労働者・労働組合のセンター機能を確立することが不可欠のものであることはいうまでもありません。必要な人材を配置し（人）、事務所や日常的な集まる場を確保し（モノ）、そのための財政基盤（カネ）を確立することが必要になります。

〈学ぶことは、やりがいと楽しさのもと〉

いま、職場の多忙化で「集まる」ことが難しくなり、評価主義の影響もあって労働者が競争させられ、仕事が終わって「一杯やろうか」というような機会も持ちにくくなっています。それだけに、「集まる」「話しあう」ことに意識的に努力する必要があります。地域労連の活動や地域の共同の運動への参加も、所属する職場の組合の活動と職場の外での地域活動の「二足のわらじ」を履くわけなので、地域運動への参加が、要求実現の展望と結びつかなければ、積極的に参加するエネルギーがわいてきません。一部の役員が活動に「追いまくられている」という状況を続けていては、地域運動は疲弊します。それを乗り越えるのは、「集まる」「話しあう」努力に加えて、情勢や組合活動、社会運動、科学的なものの見方などについての学習を、日常不断に系統的に、そして集団的に行うことです。

多忙な中で、学習をすすめるためには、学習活動を独自の課題として運動化することが必要です。単組でも単産でも、地方・地域労連でも、学習運動を課題とする担当者を置くとともに、学習運動を独自の課題とする共同組織（労働者教育協会や学習協などの地方・地域の学習組織）と連携して、運動課題に対応した学習会や労働運動の基礎理論を系統的に学ぶ労働学校を開催し、地域から活動家を育成することが求められるのです。

地域での、さまざまな分野の労働者による学びあいと交流は、労働者の視野を広げ、想像力をはぐくみます。集団的に学びあうことが日常化することで、要求実現の展望と明るい未来を共有することができ、仲間の中に、地域運動にやりがいを感じ、楽しい活動を創意工夫する力も育っていくでしょう。「知は力」と言いますが、学習運動は、元気と労働運動を楽しむ力を育てあうのです。

全労連に加盟する地方労連は、現在、すべての都道府県で確立されています。所属する組合員の数や労働組合の状況には、さまざまな条件があり、それぞれに、専従者の確保や財政基盤の確立のために苦労しつつ、組織拡大に目を向け、特徴ある運動づくりと地域運動の強化に尽力しています。

地域労連は、1万数千人の組合員の組織から、数組合・数十人で構成する組織まで、地域の状況に応じてさまざまですが、地域の労働者・労働組合のセンター機能という場合に、少なくとも最低限必要とされる機能の整備が必要でしょう。

第1に、地域の労働組合を束ね、合意形成を図り、統一行動を組織する機能を持つことです。加盟組合の意思を代表しうる役員会（幹事会、執行委員会など）を構成し、民主的な討論のうえに方針を立て、統一行動を組織していくための組織体制の確立です。地域労連の役員は、それぞれ異なった特徴を有する加盟組合の代表としての性格を持っていますから、個人責任だけでなく、地域労連と加盟組合の間での組織としての交流なども重視し、役員の派遣や共同行動への参加などに相互に、組織的に責任を持ちあう努力が求められます。

第2に、固定した連絡場所と人、つまり事務所と専従者が存在することです。事務所は、地域組織の顔であり、加盟組合や組合員のたまり場であり、労働相談などにおける未組織労働者との接点にもなり、自治体をはじめとした対外的な活動の拠点でもあります。加盟組合に「間借り」をする場合も、独自の電話の設置は不可欠です。当面、自前の事務所が持てない場合も、事務所の確保を組織建設の目標としたいものです。専従者の確保につい

〈楽しく〝個性的な〟地域組織を〉

２０１３年時点で、全労連に加盟する47の地方組織傘下の地域組織は４６０組織です。地域組織の平均組合員数は約１６００人ですが、約半数の２１７組織は１０００人未満で、うち５００人未満が１３６組織あります。全労連加盟の組合員総数１１３万人のうち、地方組織のみの加盟が約22万7千人、地域組織のみの加盟が7万5千人（２０１３年時点）と、地方・地域から全労連運動に参加する組合員が30万人を超えており、全労連運動にとって、地方・地域組織は、全国で運動を展開するうえで重要な位置を占めています。

地域組織の構成では、61組合を擁する東京・板橋区労連のように多くの産業分野の組合を組織している組織がある一方で、2組合あるいは3組合で構成して、ローカルセンターとしての役割を果たそうと努力している地域組織もあります。いずれにしても、労働者全体を視野に入れると、全国的には2割以下の組織率になっているという現状では、すべての地域組織が発展途上にあると考えていいでしょう。

当面は、地域のローカルセンターとしての最低限の基本機能を確立することを前提に、地域のすべての労働者を視野に入れつつ、個性ある地域運動を展開することが期待されています。地域組織を構成する組合の状況によっても、得意な運動分野が変わるのですから、地域組織の構成の特徴や置かれている条件を活かし、全労連や都道府県労連に結集しつつ、地域の労働者・住民の要求実現に誠実に向きあって、「労働相談や争議に強い」「自治体から一目置かれている」「住民運動をいつでも支えている」「平和運動でがんばっている」など、その力量に応じ、また地域運動に仲間たちが楽しく参加できるような、個性的な地域組織の運動が、いま求められているのではないでしょうか。全国的な情勢が、地域ではさまざまな現れ方をするのですから、それに応じた個性的な運動が起きるのはむしろ当然のことです。

ては、人とカネとの両方の条件が必要になりますし、役員としての専従配置は、その人の人生を左右するような選択になりますから簡単ではありません。さしあたりは、パート専従を置き、非専従役員が分担して事務所を維持するというような方法をとり、また加盟組織の専従者が兼務するなどして、複数の事務所員が常駐する体制を確立したいものです。工夫をして「いつでも存在する」事務所を機能させることが重要です。

第3に、財政の確立は軽視できません。財政規模の大小にかかわらず、財政運営は明朗でなければなりません。財政問題で組織的な混乱が起きることもないとはいえません。人の配置については「ボランティア専従」といわれるようなかたちも可能ですが、責任もあいまいになり、長続きしない可能性もありますから、手当や処遇をきちんと保証をするという前提で検討すべきでしょう。事務所費や人件費、役員の行動費などの基礎的な財政については、所属する組合員数に応じた会費によって確保しなければなりません。運動や宣伝、学習会などに必要な一定規模の財政も会費収入の中で確保しておきたいところです。場合によっては、春闘時の費用や臨時的な統一行動、学習会の開催等の際に「春闘分担金」や「臨時分担金」「学習会参加費」など、運動とリンクさせた、運動を前進させるための「持ち寄り」方式も考えてよいでしょう。

こうして確立された組織体制と事務所、それを支える基礎的な財政基盤を確立したうえで、その地域における労働組合のセンターとして、どのような機能を持つべきかを、加盟組合全体の議論を通して方向づけていくこと、そして組織拡大の目標を明確にし、着実に財政力をつけていく努力が必要です。その点では、2年ないし3年くらいの射程で、センター機能の確立とそれを保障する財政基盤の強化、そのための組織拡大戦略の中期的な計画を方針化するというようなとりくみが必要です。

●センター機能と組織体制

組織としての基本方針を決定する大会は、可能な限り、すべての加盟組織の代表が複数で決定に参加し、また、その実践に加盟組織全体が責任を持つような構成が必要です。

方針を具体化する執行部（幹事会、執行委員会など）の構成も、すべての加盟組織が方針や行動提起に団結できるような配慮が必要です。そのうえで、組織を代表する議長（会長）、組織と運動を統括する事務局長（書記長）、それを補佐する副議長（副会長）、事務局次長（書記次長）などが、日常運営の先頭に立ちます。

こうした基本的な組織活動を保障する体制のうえに、組織部、財政部、宣伝部、調査部、教宣部、争議対策部、市民運動部、文化・レクレーション部など、執行部の中で必要と思われる業務運営の分担を設けます。部局の設置や業務の分担は、その組織の力量や地域の実情に応じて検討することが大事で、かたちだけ分担するというのでなく、また分担したことによって統一性を欠くということのないよう、実際に機能するシステムを考えるべきでしょう。実際には、議長や事務局長に業務が集中するということが多いのですが、労働相談や争議支援がある場合に、議長や事務局長が手をとられて、基本的な組織活動や計画した運動が停滞することもあるので、現実的な分担を考えていく必要があります。

地域労連の存在は、個々の加盟組合の組合員にとっては、知らせていかなければ見えないものです。組織の団結を高め、加盟組合の中に地域労連の存在を知らせていくためには、機関紙の発行は欠かせないものとして位置づけなければなりません。

労働相談に対応するための特別な体制も必要ですし、系統的に組織拡大を追求するためには、力量を持ったオルガナイザーも必要ですが、こうした分野の活動は、それなりの経験を積みながら力量がついていくという面があるので、ベテランと経験の浅い人が複数で担当し、集団的に意見交換しながら経験を積んでいくというような組織的な配置の工夫も必要になるでしょう。

留意したいのは、地域労連自身の忙しさや、役員を出している出身組合の活動もあって、教育学習運動がおろそかになりがちなことです。学習教育の担当者を置き、地域の大衆的な学習運動組織と連携して、学習活動を系統的に追求することが、組織の質を高めます。学習運動は、単組ではなかなかとりくみにくいものなので、地域労連が発信して、時々の情勢や課題に対応した学習会とともに、系統的な基礎学習の場を持ち、また、未組織労働者も視野に入れた労働学校の開催なども、地域運動において重視すべき課題として視野に入れておきたいものです。

●広範な青年の結集に目を向けて

次代を担う青年労働者の結集と活動家の育成は、地域労連にとっても特別に重視する課題といえます。今日、単組レベルで活発に青年部活動を展開している組合はそう多くはありません。元気な青年部活動は、一定の規模も必要ですから、地域労連に青年部（あるいは青年委員会）を設け、加盟組合の中の青年たちを総結集していくことが、加盟単組を元気にしていきます。

地域労連において、青年労働者を結集する核となる青年組織を「青年部は加盟組合の青年部をもって構成する」としたのでは、単組に青年部がない職場では対応できませんから、「加盟組合の青年組合員によって青年部を構成する」とか「加盟組合の青年組合員の代表によって青年委員会を構成する」など、結集の対象となる青年組合員のすべてを結集できる組織形態が必要です。

青年の結集をめざす運動では、未組織の青年労働者がいつでも参加できるような運動形態を追求するとともに、民主青年同盟や民商青年部あるいは学生なども含めて、地域の青年全体の結びつきをつくっていくようなとりくみにこそ、地域労連の青年組織らしい運動が見えてきます。青年たちは、こうしたとりくみの経験を通じて、運動の組み立て方や組織活動、共同の広げ方などを実践的に学び、地域社会を見る目を広げていきます。

青年は大きな可能性を持っています。みずからが主体的に運動に関わり、運動の主人公としての経験を味わった時、青年は活動家としての歩みを始めるものです。

（参考文献）
『地域をつなぐ』中村圭介（教育文化協会、２０１０年）
『地域協議会の組織と活動の現状・調査報告書』（連合総研、２０１０年）
「21世紀労働組合の研究プロジェクト報告」大木・熊谷・原冨ほか（『労働総研クォータリー』№76・77、２０１０年）
『労働総研クォータリー』№45、戸木田、原冨ほか（２００２年）
『全労連20年史』全労連編（大月書店、２００９年）

座談会　草の根から地域労働運動をいかに強化・前進させるか

出口憲次（道労連事務局長）
宍戸　出（埼労連事務局長）
中村　元（江東区労連事務局次長）
門田勇人（広島県労連事務局長）
寺間誠治（司会・労働者教育協会常任理事）

（寺間） ただいまから「実践労働組合講座」シリーズの座談会を始めます。「実践」がキーワードですから、地域で先頭に立って奮闘されている人たちの話を直接お聞きしたいと考え、企画いたしました。私は、労働者教育協会の常任理事で、今回の講座の編集委員をつとめています寺間です。よろしくお願いします。それでは、まずみなさんの自己紹介からお願いします。

（出口） 道労連（北海道労働組合総連合）で事務局長をしています出口と申します。趣味は「たたかうこと」です。労働運動はもちろんですが、格闘技とか筋トレが趣味です。工業高校を出てからダムや水門をつくる会社に入社し、その後は、とび職をやったり、ラジオ局のディレクター（編成制作）をやったり、トヨタで期間工をやったこともあります。リーマンショックが起きた08

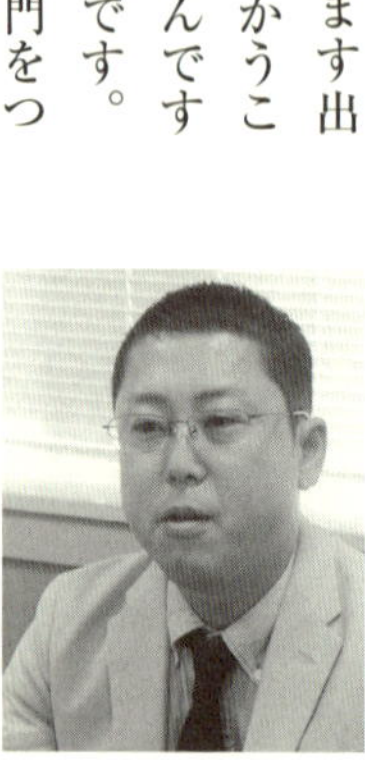

年から道労連の専従になり、翌09年から事務局長をしています。出身単産は建交労です。

（宍戸）　埼労連（埼玉県労働組合連合会）の事務局長をしています宍戸です。出身は、埼玉土建という建設職人の組合で、高校を出てからずっと専従の人生を歩んでいます。2010年に埼労連の事務局長になりました。埼玉土建からの出向です。土建は地域ごとに支部を持っている組織ですが、越谷支部にいた時には、地域労連（越労連）の事務局長も経験しました。

（門田）　広島県労連（広島県労働組合総連合）の事務局長をしています門田と言います。85年より生協ひろしま労組の役員をしながら、92年に労組専従になりました。その後、ヒロシマ労連（広島地域労働組合総連合）の事務局長を経て、09年9月より県労連の事務局長です。全労連・全国一般広島合同労組委員長と、地域労組ひろしま委員長も兼任しています。

（中村）　江東区労連（江東区労働組合総連合）の事務局次長をしています中村です。みなさんは県レベルですが、私は東京の地域労連の専従です。いま58歳ですが、私が区労連の専従になったのは34歳の時で、24年間やっています。それ以前は、都教組の書記や全医労の書記なども経験しています。ここ数年はローカルユニオンを中心にがんばっています。

（寺間）　ありがとうございました。それでは、まず私から簡単な問題提起をさせていただきます。

座談会への問題提起

寺間　誠治

●はじめに

みなさんが実感されているように、ほんの1年足らずの間に情勢は大きく変化しました。運動的には、戦争法案反対で見せた「民主主義を守れ」「立憲主義を守れ」というこの国の将来、未来をかけたたたかいが国会前はもちろん、全国各地から迫力あるたたかいとして大きく前進しました。さらに、労働法制改悪反対、非正規の組織化もすすんでいます。地域では、個別の労働紛争だけれども個人加盟ユニオンに入ってもらう、もしくは連携するかたちで県労連・地域労連が一緒にたたかうという集団的労使関係として運動をすすめているところに、大きな特徴があります。

この座談会では、全国各地のたたかいを紹介してもらいつつ、地域からさらに前進させていく決意を固めあいたいと思います。

●なぜ、地域労働運動か

ではなぜいま、地域かということを考えてみたいと思います。それは第1に、何よりも地域はお隣さん同士、互いに顔の見える関係でつながっているということです。したがって、その結びつきを活かして労働組合として連帯できる有利な条件があることです。

第2に、グローバル化の地域での現れです。労働相談で、町工場の労働者の話を聞いていると、地域の末端ではあるけれども、そこにグローバルな情勢の反映があることがわかります。例えば、残業代が不払いになっているかばん製造工場の労働者に尋ねると、会社が海外に進出した結果、中国やベトナムで生産され国内への逆輸入で販売される。そのことで、単価が切り下げられ営業によって販売数が増加しても利益に直結せず、賃金や労働条件面で労働者へのしわ寄せが出てきているといいます。介護や福祉にも外国人労働者が増えている。グローバル化という大きな流れは、ローカルな生活の場でこそ実現しています。国境を越える資本もその活動は特定の現場において生じているのです。

第3に、全労連の場合、規約にもとづく産業別団結と地域別団結という組織原理を持っていることが有利に働くということです。全労連は、日本のナショナルセンターではそれまでの労働四団体時代にはなかった産別と地域組織の複合体としての組織形態になっています。産別（タテ）と地域（ヨコ）の関係が運動の中で活かされる特徴があり、そこが相乗効果を発揮するという強みがあります。この関係をさらに今後も強化していくことが大切です。

これらを踏まえ、私たちの運動は地域というローカルの場で、お互い目に見え顔が見える団結を強化し、産別と協力しつつ、状況をナショナルな目、さらにはインターナショナルな視点で分析する。そのようなとらえ方を地域でも行うことで、運動をさらに強化していくことができるということです。

●地域労働運動強化の重要性

地域労働運動の強化の重要性は、このような情勢分析と関係してきます。企業の「ブラック化」現象、労働法違反はいっこうに減少しません。労働者派遣事業では、法違反によって是正指導が行われた派遣元・先事業所の割合は前年度の65％を上回る73％に達しています（15年7月）。労働基準法や労働安全衛生法、最低賃金法など労働法違反は、67・4％（前年66・7％）にのぼり、サービス残業の問題やカローシを生むような長時間労働が蔓延しています。その上、労働法制のいっそうの規制緩和問題もあります。最近の労働相談では、解雇を抜いてパワハラ（パワーハラスメント）がトップになりました。これは、飲食や商店などサービス産業での人手不足、営業職や生産現場での成果主義など職場の合理化・効率化がすすめられる中で、少ない人員で成果をあげるための労働強化、労働者への締めつけによるパワハラが発生しているということです。

第1に強調したいのは、そうした法違反などの実態を地域ユニオンとして正確にとらえ、たたかうことです。

第2に、その状況にさらに輪をかけているのが、アベノミクスによる労働の規制緩和です。それが派遣、有期、不安定雇用をいっそう増加させ、既存の企業別組合への組織化が困難になる中で地域運動の果たすべき比重が高まり、ますます地域から運動を強化しなければならない客観的状況が生まれていることです。

第3に、地域の運動は、人と人と

のつながりや連帯感が直接、労働者・住民の胸に響くということがあります。そのつながりは極めて濃いし、たたかいは強力だということです。これらの点でみなさんの経験を語っていただきたいと思います。

●地域から運動のルネサンスを

地域には運動の新たな発展があります。ルネサンスと言われるような新たな胎動です。地域組織の特徴と意義を考えてみると、第1に、労使紛争を解決する点からみた地域の存在感が大きいということがあります。それは、地域には労働者の居場所があり、そこに頼ってくる人たち同士の連帯感があり、苦労も喜びもそこにあって強い絆でたたかいを展開できるという存在意義です。

第2に、ここは難しい問題ですが、組織の発展・維持のために地域の活動家たちがもっとも苦労しているということです。県段階の活動家のみなさんも財政的、人的配置などで苦労されていますが、地域段階になると困難はさらにあります。運動全体が大きく発展・前進している時に、地域でどのような組織強化の方向があるのかを一緒に考えたいと思います。

第3に、次世代育成との関係です。全労連も全体の幹部配置が若返ってきていますが、地域ではとりわけユニオンに飛び込んでくるのは青年が多いわけで、彼ら青年の正義感に依拠した運動とその人たちの意欲をどう引き出していくのか。国会前でのSEALDs《シールズ》（自由と民主主義のための学生緊急行動）の活動に象徴されるように、青年たちは個人の自覚で結集しみずからの言葉で語っており、従来の組合幹部のような上からの指令型や紋切り型の演説には辟易しています。創造力ある青年の意欲をさらに引き出すためには学習を重視した地域での運動強化が求められるし、ローカルユニオンへの組織的支援と協力が求められます。

●地域運動の「玄関」――労働相談活動の充実・強化を

大企業の企業内組合は、労使一体・協調主義路線をとっているところが圧倒的多数であり、民間・大企業労組の排他性はますます顕著になっています。企業内では相談をしにいくところがないから、青年労働者らが県労連・地域労連に来ているという実態があります。

いま、全労連の労働相談件数は2014年で1万7848件です。一方、東京・葛飾区にある東京東部労組は協力組織NPO労働相談センターに500人のボランティア相談員を登録し年間8千件を超える労働相談を受け、そこから「ジャパンユニオン」へ労働者を組織化しています。さらに、NPO法人・POSSE《ポッセ》では若者主体に労働問題にとりくんでおり、年間4千件の労働相談に対応しています。労働局の公的労働相談は6年連続で年間100万件を超えているのです。

このような労働相談からユニオンに組織化し争議を解決する例は多くあります。エステティックサロン業界大手の「たかの友梨ビューティクリニック」の残業代不払い・不当労働行為がマスコミで大きく報道されたのはまだ記憶に新しいと思います。青年ユニオンのたたかいがテレビ番組「ガイアの夜明け」でとり上げられた時も同様ですが、マスコミで報道されると同種の相談が殺到します。「たかの友梨」の場合は、POSSEに相談があり労働組合としてエステ・ユニオンを立ち上げてたたかいました。解決に際して結んだ「ママ・パパ安心労働協約」を見ると、あらためて労働組合が持つ力の大きさが分かります。①妊娠中・子育て中も安心して働き続けるための措置が、協約では法律の水準を上回っていること。②自社商品の店舗での販売を禁止させ過大なノルマを規制したこと。③配転の事前通告を確認したことです。解雇については65％で組合の関与がありますが、事前通知の配転については約23％と、非常に低い（厚労省の「人事に関する事項についての労働組合の関与状況」〔12年6月〕）。配転そのものを法的に規制することが難しい中で、エステ・ユニオンが協約をかちとったのは重要です。

全労連などの地域の組織が社会的影響力を強め、もっと大規模に相談活動を展開していく必要があると思います。そのための課題として、第1に、労働者が地域組織に接近するための「玄関」つまり入口として、労働相談員がオルガナイザーとして未組織労働者の組織化に向け意識的にとりくむことが求められます。全労連も組織的にみると企業別組合が産別として加盟しているという現実の中で企業内主義をどうやって打破していくのかという課題があります。その点でも、地域共闘の強化や地域から社会に向けた発信は大切であり、労働相談を通じた争議解決への地域の連帯したたたかいは組織の殻を打ち破ることにもつながります。

2つ目に、当面の新たな運動の課

題として、最低賃金のとりくみがあります。地域最低賃金が毎年改定されアップしています。これは、地域からの運動の前進という面と生活保護水準との「逆転現象の解消」という、たたかいを反映した改正最賃法の条文が活かされているのですが、最賃額が地域別なためその格差が拡大するばかりです。そのため、全国一律最低賃金制の実現に真正面からとりくむことが重要な課題となっています。最近では学生ユニオンが中心となってＡＥＱＵＩＴＡＳ／エキタス（ラテン語で「正義」の意味）という組織をつくって「最賃１５００円」の要求を掲げてデモや集会を行うなど運動が大きく広がろうとしています。地域からさらにとりくみをすすめていくのかが課題です。

　また、千葉県野田市から始まって川崎市、東京都多摩市など全国に広がっている公契約条例実現のとりくみも前進しています。地域では、これらの活動を含めて、地域全体の活性化と街おこしにつなげるとともに、労働組合として市場規制力を持つ運動へと発展させていく必要があります。

　３つ目に、「働くルール」を職場と地域にどう実現していくのかということです。地域労働運動への共感は高まっています。勤労者通信大学労働組合コースの教科委員でもある専修大学・兵頭淳史さんは、地域ユニオンについて「多数の労働者を結集した力を背景にせずとも、労働者保護法制や裁判など動員して、雇用・賃金・労働条件をめぐる労使対決を制するという事例を重ね、とくに個別労働紛争における労働者側勝利のひとつのパターンを作り出していった」「日本のユニオンはまさに言葉の正しい意味で『革命的労働組合』と呼ばれるにふさわしい」と評価しています。

　地域から新しい情勢を切り開いているという現実、そして今後、さらに発展させていく課題をみなさんとともに話しあっていく中で、地域労働運動の新たな胎動と未来を考えていきたいと思います。

討論

《各組織の実態と特徴》

（寺間）それでは、討論を始めたいと思います。最初にそれぞれの組織の特徴などを紹介していただけますか?

（中村）江東区は東京23区の一つです。東京23区は自治体と同じ特徴を持っていて、議会があって、区長がいます。

江東区労連では東京土建江東支部が一番大きい組合で、区労連の組織人員の半分を占めています。東京土建は東京労連に入っていないので、東京土建江東支部が江東区労連を通じて全労連の加盟組合になっています。2番目に大きいのは自治労連、江東区役所の労働組合。そして教職員組合が続きます。他には、自交総連、全印総連、医労連、全国一般、福祉保育労、国公労連、特殊法人、年金者、郵政などの組織で構成していています。最高人員は1万1850人いましたが、いまは9000人を切って、8700人ぐらいの組織になっています。

（出口）全労連を結成してからの四半世紀で、組織の減少率が一番高いのが北海道なんです。最高時5万人以上いたんですが、いまは2万500人。5割以上減らしています。専従も最高時10人いましたが、14年に熱い闘志を持っていたベテラン活動家が退職し、いまは4人。私と、建交労からの出向役員と会計担当の3人です。他に嘱託職員が1人いますが、このままいけば、あと1年で3人になります。その体制の中で、全道の運動や組織をどうするかに対応しながら、なおかつ「山のよう」な日常的実務もこなさなければいけません。

だからこそ、組織を増やさなければいけない。組織を強くしなければいけない。そこにこだわったたたかいが決定的に重要だと思っています。総括はいろいろありますが、なぜそうなったのか。これまでの四半世紀は、北海道では道労連と連合北海道に労働戦線が再編された中で、さまざまな困難の連続のもとで前進を切りひらいてきました。道民要求の実現をめざした運動が中心的にとりくまれてきました。

その一方で労働組合にしかできない、労働組合がやらなければいけない課題でのとりくみはどうだったのか。「構造改革」という激しい逆風もあったけれど、お金の使い方、人の使い方も含めてやはり弱かったのではないかと、率直に総括しています。そこに力点をおいた運動をやらなければいけないと変えてきていますし、そうしなければ道労連の存続が危ぶまれる事態だとの危機感を持っています。

（宍戸）いま埼玉には27の地域組織がありますが、そのうち10ぐらいの組織にはボランティア的な人も含めて専従がいます。その点、埼玉は特殊だと思っていますが、11万人弱の組織で、そのうち7万人が埼玉土建です。財政的にも8割弱を土建が出している。だから土建におんぶに抱っこでやっているところも多くあります。土建には県内32の支部があって、地域に根ざして事務所があり、専従もいるので、そうなってしまう面も否めません。しかし、ここを突破していかなければいけないという思いを持っています。

（門田）広島県労連は組織人員約1万5０００人。単産・単組18、地域組織は5です。官は約6０００人、民は9０００人です。90年に1万5２２５人で発足し、最高時は02年で1万8６０４人でしたが、その後、官を中心に大量定年退職、それに対して新入社員（職員）の減少や新たな人たちに対する労働組合としての働きかけ不足などにより減少を続けています。それでもここ数年は増やしている単組もあり、減り方はかつてほどではありません。増加に転じている多くはパート・嘱託などの非正規雇用労働者で、現在4０００人を超えています。

《地域の労働者の状態、労働相談から》

（寺間）地域の労働相談にはどのような特徴がありますか。そこから見える労働者の状態などを紹介してください。

（出口）労働相談は、職場でがまんにがまんを重ねて、辞めてから「賃金を請求したい」「会社を訴えてやりたい」という相談が多かったのですが、最近は変化してきていて、職場単位で加盟するとか、職場にまとまった労働組合をつくるという動きもあります。この1年でみても、ウィンザーホテルに2３０人の労働組合ができたり、帯広にあるズコーシャという土木設計コンサルの会社では、中小労連にいたんですが、なんにもしてくれないと脱退し、独立組合になったんですが、自分たちだけでは限界だと道労連に加盟してくるとか、塾の先生が労働組合をつくるなどという変化が生まれてきていますす。ここを前進につなげていくことが大事だと思っています。

（宍戸）単産の幹部は「地域に出よう」と口を酸っぱく言っていますが、職場の要求が地域で実現していく展望があるのか、どんな地域にしていくのか、というビジョンを持たないと、なかなか地域運動はすすんでいかないという問題意識で、地域の中でいろいろな運動をしかけ始めています。

例えば、民主党政権が高校の授業料を無償化しましたが、自民党政権になって所得制限が入りました。高校の先生方は、その課題を「埼労連としてもとりくむべきだ」「議案に入れるべきだ」と言われます。そんな時は、当の高校の先生たちからその問題を地域にどんどん発信してほしいと思います。自分の地域や周りには、多くの高校生の子を持つ親がいます。その人たちと一緒に問題を解決できるのも地域だと思います。

埼玉は、人口当たりの医師、看護師が一番少ない医療過疎の県です。医労連の組合は、医師、看護師が少なくてたいへんだと言っています。医師、看護師が少ないので、病床は200あるけど100にしないといけない、そうなると経営がたいへんになる、だから賃金を下げるという悪循環になります。どうやって医師や看護師が少ないという問題を、自分たちの医療やいのちの問題として地域で考えることができるかが課題です。こういう要求は、すべての単産にあるのではないかと思います。自分たちの要求を地域でどう実現していくのかを、みんなで考えようというのが、この間の埼労連の運動です。

私たちの日常的な暮らしや賃金、労働条件の要求は、地域の中で住民と一緒にとりくむことで実現していくことができるということを、実践の中でつくっていこうと考えています。

（中村）先ほど寺間さんが言ったように、たまにですが大企業の労働者からの相談もあります。「追い出し部屋に1年以上入れられている…」という相談です。「組合に入っていますか？」と聞くと、「私たちは課長なので組合は脱退しているんだ」と。電機関係の本社の労働者でした。

また、クレジットカードの管理をやっているある会社の社員が、「これまで土曜日、日曜日が休みの部署にいたけれど、異動になって土日全部出勤になったので、家族関係で非常に困っている。介護や子どもの面倒がある。奥さんも仕事をしているので困っている」という相談も来ました。こういう場合は、うちの組合でやってもいいけど、「東京都を使おう」と言って、労働相談情報センターに持ち込み、本人の希望に沿った異動が実現して、「ありがとうございます」と感謝されました。センターがあっせんを会社とやって、こちらにも連絡がくるしくみです。そんなかたちでも解決にあたっています。

また、契約社員が労働組合に入れないことがあるんですね。ある企業の契約社員の女性は、はじめ企業内の労働組合に相談に行ったそうです。その組合の委員長さんが動いてくれて、会社の人事に掛け合ってくれたそうですが、「あんたの組合に入っていないんだからダメだ」とけんもほろろに言われたそうです。それでうちの組合に相談に来て、これは団体交渉で解決しました。彼女がその委員長に「こういうところに入ってやっています」と言ったら、「がんばってください」と励まされたそうです。

《求められる地域労働運動とは？——それぞれの問題意識から》

（寺間）どんな地域をめざしていくのか。いま求められる地域労働運動とは何か。みなさん一人ひとりの問題意識を紹介してください。

（出口）まず北海道は、とんでもなく広い。面積もそうですが、自治体は179もあります。その地域で労働者を組織し、要求を前進させるためには、どうしても地域労連が必要です。道労連や産別の道本部だけでは、絶対にカバーすることはできません。地域労連に求められる役割はますます高まっていますが、相反して体制・財政は厳しさを増しています。だからこそ、組織拡大・強化が必要ですし、産別と地域が知恵と力を寄せあって組織拡大をする「総がかり作戦」を重点的にすすめています。

いま民間中小企業の組織率は2%あるかどうかです。地域の労働者から見れば、圧倒的には、労働組合は、近くで見たことも聞いたこともない存在だと思います。その人たちにどうやって知らせていくかが重要です。

そもそも声すらあげられない、あげ方もわからない人がたくさんいて、そこにどう伝えていくのかが、地域労連の大事な役割です。

たかの友梨、すき家などいろいろ問題が起きていますよね。北海道ではＪＲの問題が深刻です。でも企業の「ブラック化」は、企業の大小、業種にかかわらず、労働組合がある職場でも、あらゆるところで起きうる、起きている問題だと思います。お客のため、子どもたちのため、患者のためなど、「○○《マルマル》のため」という自己犠牲を強いる空気が職場を支配していて、労働組合があっても、それを「おかしい」と指摘するのは、とても勇気がいる状態になっているように感じます。教職員のみなさんは90時間ぐらいの「持ち帰り」を含めて残業をしていますし、メンタル不全の発生率も民間よりも高い。管理・統制と過重労働でドンドン追い込まれていく。これでは本当の意味での「ゆきとどいた教育」はできませんよね。医労連が行った調査では7割の看護師が辞めたいと答えています。重大事故が、いつ起きてもおかしくない根深い状況があると思います。北海道では、23歳の新人看護師さんがわずか8ヵ月で過労自死する事件が起きています。

そんな働き方は、「あたりまえ」なんかじゃないんだと声をあげる。労働組合は何をしているのか。労働組合が何をしてくれるのか。職場での徹底したたたかいとあわせて、職場を越えて集まり、課題や運動を共有できる。ここに「顔が見える」地域労連の大切な役割があると考えています。

青年を先頭にメーデーのアピールウォーク（北海道、2015年５月１日）

（宍戸）「現場でなにが起こっているのか」と問題提起にありましたが、ここを基本に出発しなければいけないと考えています。

全労連組織には単産と地域という2つの側面がありますが、「地域とはなんだ」という概念の押さえ方が違うと、地域運動のやり方や考え方が違ってくるというのが、私たちのこの間の問題意識です。悪い言い方ですが、「単産職場の集まりだ」となってしまうと、「自分のところで精一杯なのに、地域なんかとても顔を出せないよ」とか「自分のところがたいへんになって争議になった時に応援してもらうのが地域だよ」となってしまい、地域労連が「余計な仕事」になってしまいます。

埼労連では、14年の第26回大会で「いまどんな地域労連を目指すのか」を提起しています。①労働相談がやれて、組織化できる地域労連をつくる、②労働学校をひらける地域労連をつくる、③レクなどをやって、若い人、お年寄りも含めて元気にやる地域をつくる、④SU（全労連・埼玉ユニオン）の支部をつくる地域になるということを、埼労連のめざすべき地域の姿として考えています。もう少し機が熟してくれれば、地域運動の核になる地域労連をつくっていきたいと展望していますが、当面は組織の強化・拡大と次世代の幹部を育成していくとりくみを通じて、それぞれの職場を元気にしていくことを問題意識としています。

（中村） 私は「職場を基礎にしながら地域でたたかう」組合が地域労連に増えることが求められると思います。低賃金・過密労働と職場でたたかい、大幅賃上げをかちとることは基本です。しかし一方で「出ていくお金」＝税金や社会保障費、教育・保育・医療費…を減らすことも大事で、こうした社会的な問題にも立ち向かう労働組合が必要ではないでしょうか？　そのことを地域労働組合運動が課題としてとりくむことが求められると思いますし、そこにどのくらいの職場単位の労働組合が参加するかが重要ではないでしょうか。

もう一つは、職場の周りの未組織労働者の組織化です。圧倒的多数の未組織労働者は法律も守られない中で劣悪な労働条件で働いています。こうした人を労働組合に迎えてこそ職場の労働条件の改善につながると思います。あるユニオンショップの組合が、いままではほとんど組織拡大にとりくみませんでしたが、「地域労組こうとう」ができてから、アルバイトや派遣を組合に加入してもらい、会社と団体交渉を背景に何人か正社員化することができました。職場の労働組合とローカルユニオンがタイアップして非正規労働者の組織化や正社員化に結びつきました。まだまだ一部のとりくみですが、もっと広がれば地域労働組合運動の役割が増すと思います。

（門田） 09年に尾道市の尾道石材（墓石製造・販売）に働く労働者が経営不振を理由に一方的な賃下げを通告され、法律事務所を通して県労連に相談がありました。全労連・全国一般広島合同労組に15人中11人が加盟。また地域の支援が必要と尾道・三原地域労働組合総連合加盟の「地域労組びさん」（尾道・三原で尾三）にも二重加盟しました。政策的な点では、全国一般の「たたかう提案型」を実践してきました。「たたかう提案型」とは、労働組合として経営分析し、会社の経営状況をつかんで、会社に対して経営改善を促しながら要求を実現し労働条件を良くしていくたたかい方です。13年の団体交渉では、会社側の赤字主張を経営分析の中で実質黒字であることを認めさせました。

また、日常的な活動の支援や相談は、地元の「地域労組びさん」があたっています。地方では、産別の活動が決して全県をカバーしていないので、このように地域と産別が共同してとりくみ、組合を支えていくことが必要です。

《組織化、ローカルユニオン》

（寺間） 組織強化という点で工夫をしている点はありますか？

（宍戸） 埼労連では、単産を卒業した人にアドバイザーという任務に就いてもらっています。アドバイザーには、専従がいる地域の四役会議や幹事会に参加をしてもらって、「埼労連は今月こういう運動をするんだ」ということを伝えてもらったり、労働組合の組織化や地域が悩んでいることをつかんでもらい、埼労連に返してもらっています。労働相談員もいますが、電話を待っているだけになってしまうので、「飛び出していく人」というイメージで、もともと埼労連のプロパーだった方、建交労のOB、JAMの組合でがんばっていた労働相談員の3人にお願いしています。

それで少しずつ地域組織が元気になっています。私も地域労連の事務局長をしている時はそうでしたが、埼労連から来たものは机につんでおいたり、「忙しいからこれはやめよう」とか、「これは来月でいいよね」となってしまいます。だから「ここだけは押さえてほしい」という運動をきちんと伝えていくことが大事だと思っています。

月1回アドバイザー会議をやって、課題や問題点、悩みがあったらどうやって手を打っていこうかなども考えています。ゆくゆくはアドバイザーの行くところで、ローカルユニオンの支部をつくろうと展望しています。

　地域と単産が連携して、新しい組合がパタパタとこの1年ぐらいででき はじめています。ＪＭＩＵ、全国一般、建交労、医労連で新組合ができました。いままでは新しい組合ができると、すぐに攻撃をかけられて、争議になった時に地域が支えるということがありましたが、いまは結成するとすぐに地域の運動に参加をしてもらったり、単産にも役員を出せるようになってきたのが特徴です。こんなこともアドバイザーと地域の専従者の働きかけでつくられ始めています。地域の中で最賃や労働法制などで統一宣伝行動をやる場合も、アドバイザーの力を借りながらやったりと踏み出し始めています。

（寺間） それぞれの地域にローカルユニオンがあります。労働相談から組織化の受け皿になったり、地域ユニオン自体が積極的に地域共闘の中心的役割を担っている組織も多いですね。

（中村） 江東区内には未組織労働者が20万人ぐらいいます。この人たちを放置したままにして、組織内での賃上げは難しい。社内での賃上げ闘争は否定しないけれども、中小企業ばかりなので、だいたい会社がどのくらい持っているかわかります。たとえば大手の新聞を刷っている全印総連のある職場では、部数が減って輪転機が1台止まっています。賃上げ交渉ももちろんやっていますが、なかなか厳しい状況です。

　もっと外にいる未組織労働者に向かっていこうと、09年に、「地域労組こうとう」というローカルユニオンをつくりました。東京地評が中心になってつくった、組合費２０００円で共済にも入れるコミュニティーユニオン東京（ＣＵ東京）の支部というかたちをとっています。31人で発足をして、5年目の大会で２００

地域労組こうとうの定期大会（2014年９月27日）

人を超えました。定着率が7割ぐらいです。労働相談に来た人には、「ユニオンに加入して解決していこう」と話しています。

地域労組こうとうの特徴は、分会が6つばかりあることです。この話をすると他のローカルユニオンの人によく驚かれますが、相談に来た人が職場の中で仲間を増やしまして、20人の分会や3人の分会があります。例えば、建築の足場の機材をリースして運搬する会社で、とにかく朝早くから夜遅くまで国土交通省の「運転者の勤務時間及び乗務時間に係る基準」に違反して、8時間のインターバルを空けないで働かされていた労働者が16人でユニオンに入って、分会をつくっています。

そういうこともあって組合が大きくなっています。ただ、分会をつくるとすぐに攻撃を受けます。労働組合に無頓着な経営者も多くいます。裁判をするか、都労委に申し立てるかを考えている状況です。地域ユニオンを強化していって、組織減を少しでもはね返していきたいと思っています。

（出口）　北海道の議論も全国と同じように、ローカルユニオンをつくる時には、「分派活動ではないのか」「誰の金を使ってやるんだ」など、賛成・反対含めてさまざまな意見がありました。でも組織を増やすことが重要であり「①労働相談体制の確立、②ローカルユニオンづくり、③労働共済の拡大」という全労連の方針でいこうと始まりました。地域労連が中心となり、いくつか立ち上げていきました。北海道は単産の本部も体制や財政がきびしい中で奮闘しています。専従がいない、事務所がないところもあります。でも労働相談は来るんです。札幌だけでも年1200件ぐらいきますが、来ても「どうするんだ?」ということがずっと問題になっていたんです。「お金にならない」「手間ばかりかかる」「解決しても組合に残らない」など、門前払いされるケースも少なくありませんでした。「それでいいのか」「全労連は誰のためのセンターなのか」という議論から前進をしていって、札幌では「ローカルユニオン結」に産別を越えて、いろいろな人が支援をして、二重加盟もし、財政を一定つくって活動できるようにとりくまれてきました。

地区労連の事務局長が運動の中心を担っていて、札幌という中心地で大きくしていくことが必要だと道労連からも人を派遣して、職場組織をつくったり、学習・交流など継続してつながる場を設けたり、マスコミで取り上げられるような成果もかちとってきています。こうした土台には、産別の地域労組・合同労組の活動があり、建交労の函館合同支部や小樽一般労組などは、ずっとローカルユニオンとしての役割も果たしてきています。

他の地域労連も同じだと思いますが、本当に一番たいへんな労働相談を受けて、一つひとつ丁寧に解決して、地域の中で信頼をつくっていることで、ローカルユニオンが少なくない役割を果たしているのは事実です。しかし一方で「組合員は何人いるんだ」「定着はどうなんだ」という議論があるのも事実なんです。そこをどう突破していくかが課題です。この点は、全労連として音頭をとって、全国的に総括や教訓を議論し、運動を交流する場をつくることが必要だと思います。

(宍戸) 地域ユニオンの生まれ方はそれぞれの地域で違います。全労連関東甲信越ブロックでも議論になりますが、神奈川は下から地域ユニオンができてきて、13年、全神奈川地域労組協議会がつくられました。埼玉ではSUを上からつくりました。県レベルでつくって、活動家が出始めたところで支部を、地域労連に対応してつくっていますが、まだ5つぐらいしかないんです。ですからSUの組合員も下手をすると、毎月の会議がないままになります。先ほど江東の話がありましたが、定着率はもっと悪く、相談にのって解決したらそのまま辞めてしまうということもありました。

それでもこの間は、執行部も若返るなど変化が表れてきています。ですから、埼玉の問題意識は、「早く地域労連に対応したSUの支部をつくらないと、つながりができないままSUを離れてしまう組合員が増えてしまう」ということになります。

(門田) 広島県労連では、97年8月に「労働相談センター」を発足しています。「相談者の気持ちに寄り添って」を合い言葉に活動をすすめ、14年7月には相談件数(新規)は1万件を突破しました。現在は県労連労働相談センターとヒロシマ、呉、尾三、福山、県北の各地域労連に相談センターを設けています。相談を通しての組織化は、問題が解決すれば組合員が辞めてしまうという問題があります。昔から未組織の組織化は「賽《さい》の河原の石積み」に例えられている通りです。しかし、増えないという点に目を奪われるのではなく、県労連の組合員全員がこの活動を支えているという認識が大切です。「組合員一人１００円」の「広島の労働者を守る共同基金」を毎年訴え、14年度は１４０万円あまりが集まっています。

月に1回労働相談員研究集会をオープンに行い、未来の相談員を含め事例研究を継続しています。

14年度より未組織の組織化では「総がかり作戦」にとりくんでいます。「タクシー労働者」「指定管理事業所」「介護事業所」をターゲットに事業所の訪問やターミナルの宣伝を行い、多くの産別・地域組織が行動に参加しています。毎年継続している介護事業所訪問では、署名の協力や学習会参加などの関係もできてきています。

《地域での共同》

（寺間） わが国の労働組合が、長期にわたる停滞状況から脱却するためにはナショナルセンターレベルの協力・共同が不可欠ですが、中央レベルでの共同はなかなか難しいこともあります。そのような中でも、地域からは運動の前進があると思いますが、具体的な例を話してください。

（門田）「ヒロシマ地域総行動」は、「変えようヒロシマ！　平和・くらし・わたしたちの街」をメインスローガンに掲げ、15年で24回目を迎えます。これまで幅広い市民要求の実現にとりくみ、単組・単産の運動とあわせて、まさに国民春闘にふさわしいたたかいを構築してきました。

14年の行動には、「広島市にくらし・福祉・教育の充実を求める共同行動実行委員会」がとりくんできた広島市の「事務・事業見直し」による福祉切り捨てとのたたかい、ふくしま第二保育園廃園反対と公立による存続を求める運動、広島高速5号線「二葉山トンネル」建設反対運動などが合流しました。

ヒロシマ地域総行動（2014年２月27日）

また、朝鮮学園に対する広島県と市の補助金復活を求める学園理事会と保護者・オモニの会の人たちが総行動に加わるという新たな共同も生まれるなど、地域の情勢を反映して運動が拡大しつつあります。で、これまでの要請の中で、銀行間の手数料の無料化を実現するなどの成果もあげています。

09年以降「派遣切り」の嵐は全国に吹き荒れました。地域総行動の一環として「春をあたたかく、ヒロシマ派遣村」を4年にわたって実施し、10年には130人のボランティアの参加の中で、80人の方の就職・生活などの相談を受けました。

11年の地域総行動の重点は、広島市内の小・中学校・幼稚園の耐震化とエアコン設置を求める20万人署名運動でした。2010年の広島は、夏休みが終わって秋にかけての9月中も連日35℃を超す猛暑が続き、広島市内の小中学校でも熱中症で倒れる子、救急車で病院へ搬送される子が相次ぎました。「教室は毎日38℃にもなり、とても授業にならない」などの声に後押しされ、市民的な運動として広がりました。幼稚園のPTA、老人クラブ連合会3団体などから多くの署名が寄せられ、11年9月市議会に4万を超える署名をもって請願。結果は、18年末までの設置完了を3年前倒しし15年度までに完了するという予算案が可決されるという大きな成果を生み出しました。

また、地元タカノ橋商店街との交流もすすみ、07年からは「安全でおいしい給食のあり方」をテーマに実行委員会主催の「ひろしま給食まつり」が商店街で実施されています。毎年3000人を超える参加者に、同商店街では「こういう催しがあると、商店街としても元気が出る」と歓迎されています。こういう、交流の成果として毎年、国民春闘共闘の「このまちを元気に」ポスターを商店街掲示板に掲示していただいています。

このように地域労連を中心に、文字通り「このまちを元気にしよう」

普段は閑散としている商店街に3000人が参加した給食まつり（広島、2014年４月20日）

のとりくみが広がっています。

（中村） 江東区は、東京の下町の地域ですが、地域労連に参加をしている組合の横のつながりがいいところが特徴です。大きい運動では憲法闘争を中心にしながら、対区予算要求運動など共同のとりくみをやっています。

9条のとりくみは、地域の共同の団体である「区民要求実現江東大運動実行委員会」を社保協、民商、区労連、政党では共産党が参加して、4団体共闘のようなかたちで、毎月1回事務局会議を開いています。9条の運動、予算要求の運動、安倍政権とのたたかいなどのとりくみを話しあっています。9の日宣伝も区内7つの駅で毎月同時に行ったり活発にやっています。いっぺんに一つの駅でやるのではなくて、それぞれの駅でやろう、いろいろなところで9条を広げていこうととりくんでいます。

（宍戸） 地域での共同では、90年代に全労連が提起した「10万人オルグ運動」――10人に1人の活動家づくりにむけて、地域で要求を持ち寄った集会・デモを出発点に、地域からの共同を追求してきました。始めた当時は、「参加をどれだけ広げるか」が中心でしたが、小泉「構造改革」の悪政と対峙する運動を地域からすすめ、医療問題で医師会や老人会、中立労組への訪問と懇談など、要求の一致点での共同をすすめてきたのがその頃でした。ここ数年は、労働組合の組織減少から参加もきびしくなってきましたが、一方で地域運動が少しずつ元気になる中で、これまで保守と思っていた団体にも申し入れと懇談を広げて、地域での「一点共闘」の足がかりをつくってきました。13年以来、埼玉弁護士会と秘密保護法や集団的自衛権、憲法など幅広い「オール埼玉」の運動をすすめる「実行委員会」ができるまでに発展してきました。集団的自衛権、秘密保護法の問題では、弁護士会が主催をして、県庁から浦和にデモ行進に行く時には、連合埼玉が宣伝カーを出して、埼労連が大きく動員してデモをやりました。

（出口） 一致する要求での団結は、かつてなく広がっています。TPP交渉参加阻止のたたかいは「オール北海道」で立ち向かう運動が前進し、とりわけ農協労連との連携を強めています。原発再稼働を許さないたたかいでは、平和運動フォーラムや市民団体と一緒に実行委員会をつくって、泊原発の再稼働に反対する1万人集会や、原発のない北海道の実現を求める100万人署名などの運動を展開しています。毎週金曜日の2時間、雨の日も、風の日も、雪の日も、道庁前での抗議行動は100回を超え、新たな市民運動としてとりくまれています。

集団的自衛権に反対するたたかいでは、平和運動フォーラムや市民団体とともに「戦争させない北海道大集会」を行いました。

反貧困ネットワークの活動は、さまざまな団体・個人が力をあわせて、反貧困の運動を「ブームの一環」で終わらせないで、貧困、人権、福祉をテーマにした運動をとりくんできています。

介護制度の改善を求める運動では、全道の735の介護事業所から賛同署名が寄せられています。

自治体キャラバンでは、地域の自治体や経営者団体とは、情勢や課題での認識を共有することが多く、対話すればするほど、運動すればするほど、国民的な共同が大きく広がる情勢だと実感しています。

（寺間） 労働法制問題では、ナショナルセンターが初めて共闘しました。今年（15年）4月に日本労働弁護団と過労死弁護団が前面に出ながら、連合・全労連・全労協の三団体がそろってデモ行進したのですが、これは歴史上初めての共同行動なのです。安保法制があったためマスコミでの扱いは小さかったのですが、ナショナルセンターが一致して立ち上がった労働法制のたたかいの中に一つの希望が出てきていると思います。そして、その背景には地域を中心にした下からの共闘が運動の先駆的な役割を果たしているのですね。

《すすみつつあると連合単産との共同》

（寺間） 共闘の点では、中立労組や連合労組との共同の問題もありますね。門田さんが『月刊全労連』（14年11月号）に書かれていましたが、私鉄広電支部は連合加盟だけど、そのとりくみは全国的に有名ですね。

（門田） 安倍内閣の雇用破壊攻撃を許さず、労働者の「貧困と格差」をなくすために、ナショナルセンターの違いを越えたとりくみが14年には1月の長野に続き、広島の地でもすみました。

14年春闘の山場、私鉄中国地方労働組合広島電鉄支部は、なんとしても要求実現をと「14春闘勝利千田地域総決起デモ行進」にとりくみました。広電支部は連合加盟組織です。三十数年ぶりのデモ行進を成功させ、会社に強くアピールしたいと、広電本社のある広島市中区の労働組合に幅広く呼びかけました。デモ行進は２００人が参加。県労連の各単組も呼びかけに応え、それぞれの旗を持って約90人が隊列に加わりました。デモ行進の出発式で佐古正明広電支部委員長は「企業や労働組合が違っても労働者の本質は変わりません。労働組合が同じ要求を掲げ、歩みを一つに」と力強く挨拶。意気高いデモ行進となりました。15年にも同様のデモに参加しています。

　14年の広島県中央メーデー（5月1日）では、初めて県労協（広島県労働組合連絡協議会）から代表が参加。「闘うヒロシマメーデー」実行委員会を代表して、「スクラムユニオン・ひろしま」の土屋信三委員長は、「労働者の権利が失われようとしている。安倍政権の暴走を止めるためには、労働組合がさまざまな主義主張や過去の経緯を超えて力を合わせましょう」と連帯の挨拶、エールを交わしました。

広電デモ。私鉄総連旗の後ろに県労連参加者が並び、旗がなびく（2014年３月14日）

　これらの動きとあわせて、安倍政権の労働法制改悪攻撃をはね返す共同の運動をつくりたいと、広島労働弁護団が県内すべての労働組合組織に呼びかけ、14年5月16日、「労働法制破壊ストップ！連絡会」が結成されました。集会には連合広島、広島県労協、広島県労連などの加盟単組や中立組合から２００人が結集し、働くものの権利を守る運動を強めていくことを確認。その後数度にわたる朝宣伝や学習会を実施し、10月16日には、全港湾労働組合中国支部や広電支部、県労協や県労連に加盟する２５０人が組織の垣根を越えた集会＆デモ行進を成功させました。

　今後もナショナルセンターの枠を超えた連帯を強め、広範な市民にも共同行動を広げ「許すな労働者の使い捨て社会」の運動を大きくしたいと考えています。

(寺間)宍戸さん、連合埼玉と埼労連との関係はどうですか。

(宍戸)連合埼玉18万人と埼労連11万人なので、一番拮抗している県だと思います。

実は、門田さんの紹介した労働法制の集会も、全労連関東甲信越ブロックで、「埼玉でやりたいんだ」と言っていたら、長野に先を越されてしまったんです。埼玉でもやろうと言っていますが、具体的な話になると、なかなか難しいですね…。

でも、議長は、連合埼玉の会長と話しあいができますし、公式ではありませんが、議長・事務局長同士で会うこともあります。県労働委員会の活動や、労金や全労済などのとりくみを通じて、つながりをつくってきています。

知事が、「労働委員会の委員の任期は2期以上ダメだ」と言って、13年4月に15人の政労使の労働委員が9人替わるということがありました。その時に埼労連の議長や連合埼玉の会長も2期を越えていたので替わる対象でしたが、連名で、「一律にやるのは労働委員会になじまない」という書面を、県の知事秘書室に出しました。最終的には知事秘書室長が「県知事に出すのは勘弁してください」となったそうですが、連名でそういうことができるので、なにかかたちにしたいと思っています。

(寺間)北海道では、安保法案反対の運動で中央のSEALDsに呼応したかたちで青年たちによるデモや集会が広がっていますね。労働法の道幸哲也さんや川村雅則さんなど、ローカルセンターやさまざまな潮流の労働組合が一緒になれる「にかわ役」の学者・研究者がいることも力になっていると思います。札幌では連合系の人たちと労働法制のことなどで学習会をやっているし、公契約条例も札幌市議会では1票差でした。共同のとりくみについてお話しください。

(出口)「連合」とひとくくりにして批判するのはよくないですよね。現場に近ければ近いほど、心ある人たちはたくさんいて、思っていることは一緒だったりします。対話する条件はいくらでもあると感じています。

この間、札幌では労働問題で集会や運動を共同でとりくんでいます。川村先生や労働弁護団、札幌地域労組などのみなさんが果たしている役割は大きいですね。

判田井自動車支部がストライキを決行する際には、道労連も支援に駆けつけました。全労連と連合の宣伝カーが並ぶ中でストが行われる。労働運動の新たな広がりを感じました。労働委員会の公正任命を求めるたたかいでは、「いかなる組合差別も許さない」と民主主義を守る立場で札幌地域労組から支援をしていただいています。

公契約では「公契約条例の制定を求める会」が奮闘しています。これは単組単位ではなくて、連合札幌と札幌地区労連、研究者、弁護士が連携して運動を積み上げてきました。ロビー活動、宣伝、市民集会、署名などあらゆることをやって、その中で清掃労働者の組織化という成果も出ています。「アイヌはいない」と言った札幌市議がいますが、彼が最後に反対に回って1票差で条例案は否決です。引き続き、公契約の制度改善と条例制定を求めて運動を強めています。また、旭川や釧路でも共同の運動が始まっていますし、さらに広がっていく可能性が十分にあります。

労働法制や非正規雇用の問題では、労働弁護団・連合札幌、そして札幌地区労連が共同して市民集会などにとりくんでいます。14年9月に行った「雇用を語ろう！大集会」では、JP労組と郵政ユニオンが壇上に並んで座り、それぞれ報告しました。

浦河というところでは、12年から連合と一緒にメーデーを開催しています。地域段階では壁はきわめて低くなってきているので、そういうところで共同を積み上げていくことが大事だし、やっていこうと話しています。積極的に共同を申し入れる。できるところから、やろうと働きかける。意外と、そういうとりくみはやられていない。こちらから積極的に対話する姿勢が必要だと思います。

（寺間） 下にいくほど共同があるという話ですが、江東ではどうですか？

（中村） 連合との関係というよりも、以前から区内にある労働組合を全部訪問するというとりくみをしています。全労連は96年に「総対話と共同」を呼びかけていますが、その以前からやっています。

江東区内に区労連以外の労働組合が250ぐらいありますが、すべての労働組合に毎年1回は訪問しています。留守の場合はしょうがないですが、アポなしで行きます。町名ごとに地図と名簿をつくってあって、これを書き換えていきます。行って名刺を出して、会ってくれるところは全部会います。東電労組にも行きます。向こうは気持ちがよくないと思いますが、「全労連系には会わない」というところは一つあるかないかです。会ってはくれます。労働法制のチラシや、憲法の署名を持って行っています。日中の活動なので、先ほども言われていましたが、昼間に動ける活動家が少なくなってきています。たいへんですが、1年に1回は行く。年間に7回ぐらいの統一行動を組んで、そのうち春闘時期に4回ぐらい組んで、朝から夕方近くまで、その地域ごとに何チームかに分けてまわっています。聞いたこともない連合系の組合から署名が届くこともあります。そういう時は御礼を出しています。「会社の中でこういう協定を結ぼうかと思うんだけどどうなんだろうか」という相談を、小さな組合から受けたりもしますね。

真面目に会ってくれて、「私たちの職場はずっと成果主義賃金が導入されていますが、こういう賃金制度が導入されると労働組合の存在意義がない。もとの賃金制度に戻したいと思っています」という話をしてくれます。企業内の労働者でも良心的な人はいます。話を聞いてくれたり、連合の公務系の組合、東京交通労働組合や全水道東水労などは、署名をしてくれたり、「思っていることは一緒だよ」という反応もあります。意外と組合が強くて、時間内に組合事務所に役員がいて会ってくれたり。そういうところは「何で来たんだ」とは言いません。

でも、企業内の民間組合の多くはまともに組合活動をやっていません。共同の以前に、労働組合としての体をなしていないところが多い。だから毎年役員が変わっています。それを新しい名簿に打ち込むわけです。20年も同じ幹部がやっているのは、私たちだけではないかと思ったりします。良いか悪いかは別にして…。

春闘共闘に単独の企業内労組が参加をしてくれることも若干はありますが、連合江東の事務局長は東電労組ですし、NTT、石川島播磨などは昔の争議行為の相手なので…。全労協系の人たちとは、JALの争議で一緒にやっていますが、なかなか共同行動にとりくむところまではいっていません。成果はあまりないですが、毎年会いに行こうと話しています。

《地域からさらなる前進へ――組織を大きくする展望はどこにあるか》

(寺間)「ルネサンス時代を迎えた」という評価もあります。どのようなな地域をつくっていくのか。地域から運動のさらなる前進をはかるための今後の展望についてお話しください。

（門田） 14年8月20日の広島市土石流災害では、全国のみなさんから支援をいただきました。被災翌日に県労連として支援を呼びかけ、3日後の週末には2日間で293人がボランティア支援に入りました。週末を中心に行った活動にはのべ23日間で1598人が参加。県労連組合員以外の労働者や多くの青年が参加するなど、みなさんのエネルギーや思いを感じたものです。

また、学校給食調理員協議会の仲間は、週末に炊き出しを実施。被災直後の3日間に61人が集まり1800食分の食事を被災者のみなさんに提供しました。活動の中で、「子どもの命を守る給食は、災害時市民の命を守ることを実感し、学校給食に携わる自治体労働者としての役割を実感した」と話されています。

その一方で、私たちの日々の仕事が、企業や自治体の合理化（指定管理者制度や業務委託など）にさらされています。労働組合として、仕事に誇りを持ち、職場を守るとりくみを強めないといけません。

広島土石流災害支援ボランティア。多くの若者も参加した（2014年8月30日）

（中村） 私はフルタイムの専従ですが、専従を複数体制にしないといけないと思っています。いま、労働相談に来た20歳代の若者がボランティアで週2回きて、区労連や地域労組の活動を手伝ってくれています。それをどうやって広げていくかが課題です。

職場の中でたたかう活動家をつくるという点でおもしろい経験は、ある印刷の職場の執行部の人から、「あそこの職場は職場内だけで任せておくとつぶれちゃう、区労連に幹事を出そう」と、無理矢理幹事を出してもらいました。その人が地域の課題を職場に持って帰って、とりくみや「地域労組こうとう」の場にも参加をするようになりました。

地域労組も共済という点では定着

江東区労連青年部クリスマスパーティ2014（2014年12月6日）

がありますが、それだけではなくて、きちんと月に1回交流会をやろうと、はがきのニュースを送っています。封書だと高いですが、はがきなら52円で送れます。組合員がまだユニオンに入っているんだと感じます。組合費は口座からの天引きですからそれだけでもいいんですが、入っているという意識を持ってもらうためにやっています。

交流会は、手づくり料理で飲み放題、食べ放題５００円でやっています。若干の赤字はカンパなどで補っています。交流には加盟単組からも参加をします。その中から協力組合員が生まれています。「職場の中でたたかう活動家をもっと元気にする」という役割を、ローカルユニオンと地域労連は持っていると思います。そこに力を入れて、減少傾向にある組織を大きくしたいと思っています。

（宍戸）先ほどは、どんな地域をつくるのかというポジティブな側面からのアプローチでしたが、現状をみると、出口さんも言われていましたが、いま単産の県本部レベルでも専従が置けなくなってきています。「労働相談から組織化」と言っても、労働相談が1件、2件来ただけで対応に力を注がざるをえず、単産機能を発展させる点で手が足りない。そもそも日常的に自分のところの職場にオルグに行くこともなかなかきびしくなってきています。

埼労連では、13年の定期大会で第6期組織拡大中期計画をつくりました。いまそのような状況にある中で、ローカルセンターとして、組織を増勢させるためになにができるのだろうかという議論から、アドバイザーの設置になりました。それは、「どうしたらたいへんな職場に手が届くのか」との議論から、ローカルセンター的に言えば、「地域をつうじてではないか」というのが私たちの出発点です。すこしネガティブな側面ですが、それが出発点でした。

悩ましい単産のきびしさを、地域

の力を借りながら、地域にばかり苦労をかけるのもダメなので、県としてもどんなことができるのかというのが、アドバイザー設置にあたっての県労連のもう一つの問題意識です。

埼玉の3年前の大会方針でも強調しましたが、階級的労働運動、階級的ナショナルセンター、階級的ローカルセンターとはなにかということを、あらためて私たち自身も原点に立ち返って運動をすすめていこうと強調しているつもりです。

私も高校を出てすぐに専従になりました。89年4月です。いま45歳ですが、全労連や埼労連結成のちょっと前なわけです。ですから私たちの世代だけではなくて、50歳代の前半ぐらいの人も、当時の、総評時代のたたかいを知らないで役員になっている人が多いのではないかという問題意識を持っています。

財政問題や専従の確保の問題ですが、専従確保には私たちもボランティアも含めて探そうとしていますが、なかなか単産も職場もたいへんな状況なので、定年退職をした人をまだ自分の職場に抱え込んでいて、地域に力が排出されていない状況もあります。ここをどう突破していくのかということは今後の課題としてがんばっていきたいと思います。

（出口） そもそも声すらあげない、あげ方もわからない人がたくさんいて、そこにどう伝えていくのかが、地域労連の大事な役割だと思い、アプローチを強めていきたい。

民間大企業労組の排他性という点では、北海道でも、労働者派遣法が民主党政権で改正をされて、その後揺り戻しになる前に、ＮＴＴがそれを見越して、直接雇用の契約社員700人を子会社のテレマート社という派遣会社に強制的に転籍させた事件がありました。年末最後の日に女性が相談に来て、通信労組に加盟してたたかいましたが、その過程では第二組合が集会を開いて、その労働者をおどすような発言を労働組合がするという異常な事態もありました。だから中で声があげづらいという状況もあります。

一方で、労働組合はその中でなにができるのかということが、現場の人から見ると問われていると思います。ＮＴＴの裁判は最高裁まで行って負けたんですが、嬉しかったのは、たたかった3人の原告の人たちが「やってよかった、これからも通信労組に残ってがんばりたい」と言っていることです。裁判には負けましたが、初めて非正規で育児出産休暇を、実際に制度はあっても使えなかったものを、確約させたりという成果もありました。「残ってがんばりたい」ということは大きな希望の光ですし、現場の労働者の要求に即してたたかっていくことが、前進につなげていく時に必要なことだと思います。こちらが「やっても勝てないよ」とか、「攻撃がたいへんだよ」とあきらめさせたり、押さえつけるのではなくて、労働者の要求を大事にすること。ここが大切だと思います。

「働くルールの実現をめざす」という課題では、14年5月にはファストフード労働者の連帯の行動で、マクドナルドの前で宣伝をやりました。文句を言われるかと思ったら、店員さんが全員出てきて手を振ってくれました。それがすごく嬉しかった。一般論ではなくて、「あなたの時給を1000円、1500円にしましょう」という呼びかけをすれば響くということを感じました。最賃もそうですが、当事者に直接訴えて、当事者に立ち上がってもらえれば、運動は広がると感じています。

いま夢として思っているのが、労組法18条を活用して、地域での労働協約の拡張適用をめざす運動をやりたいということです。全労連でも、連合でも、全労協でも、純中立でも、企業内の単独労組でも、系統や形態に関わりなく、「いまある、いまいる労働組合」でそれぞれが労働協約を積み重ねていけば、それが地域の中で産別協約と同じように、地域の拡張適用になっていく。そういうことも展望した運動を、これからの地域の運動のルネサンスということでも、ぜひ全労連が先陣をきってやりたいですよね。

（寺間） ありがとうございました。拡張適用の話をもう少し解説すると、一地域における同種の労働者の大部分が一つの労働協約の適用を受けるに至った時は、労働委員会の決議により、その地域の同種の労働者も労働協約の適用を受ける決定ができる（労組法18条）ということですね。企業別組合が圧倒的な主流であるわが国ではこの18条によって拡張適用が実現された例はきわめて少数しかありません。積極的で建設的な提案だと思います。

《戦争法反対の地域からのたたかい》

（寺間） ところで、「ストップ！戦争法案」のたたかいが国会前だけではなく、全国各地で燎原の火のごとく大きく広がっています。とりわけ、

8月30日（15年）は、「戦争させない・9条壊すな！総がかり行動実行委員会」のよびかけで、「戦争法案廃案！安倍政権退陣！国会10万人・全国100万人大行動」が実施され、空前の大行動となりました。SEALDsは連日の国会行動を行うとともに、青年・女性、子育て世代、宗教者、日本弁護士連合会、学者・研究者などあらゆる階層の団体・個人が草の根から多彩な運動を行ってきました。各地のとりくみの特徴をお話しください。

反戦！廃案！戦争法案フライデー・アクション（北海道、2015年7月17日）

（出口） 北海道では、戦争法案廃案、最賃引き上げ、原発ゼロ、生存権守れ、TPPへの参加阻止、北海道知事選など、職場と地域から風を巻き起こすたたかいをくり広げ、「労働者・道民要求あるところに道労連あり」の大奮闘をしてきました。毎週金曜日の「反戦！廃案！戦争法案フライデー・アクション」（札幌中心部でのサウンドデモ）は、回を重ねるごとに参加者が増え、沿道から飛び入り参加が相次ぐなど、若者をはじめアピールを広げてきました。「戦争したくなくてふるえるデモ」や「若者憲法集会」など若い世代の運動の高揚は、「黙っていられない」という当事者のまっすぐで自発的な行動に加えて、14年5月から毎週土曜日街宣を継続し、組織の違いを越えて共同の集会をとりくんだ釧労連、「戦争法案」反対！緊急集会を行った苫小牧、「戦争法」阻止で民主団体と力をあわせて毎月の集会や学習会、宣伝カーの運行などにとりくんでいる滝川、メーデーを上回る規模で「戦争法案反対集会」を連合と共同でとりくんだ富良野など、この間、地域で平和を守る粘り強いたたかいがあったからこそだと思います。

いっせい地方選挙のとりくみでも、安倍「暴走」政治に反対して、選挙権行使を呼びかけるなど労働組合としての選挙闘争を積極的に推進し、知事選では明るい会の「4つの共同目標」実現をめざして佐藤のりゆき候補の勝利をめざしてたたかうなど、新たな歴史を切りひらいてきました。要求実現にこだわってたたかったからこそ、地域の中で共同が広がっています。そのことを確信にして、憲法を守り、憲法が隅々までいきわたる社会の実現をめざして、引き続き奮闘するつもりです。

(宍戸) 埼玉では、戦争法案での埼玉弁護士会などとの共同など地域から「一点共闘」を追求する運動をすすめ、経済・業界団体への毎年の訪問・対話運動、TPP問題での農協との共同を広げる到達点をつくってきました。戦争法案では、これまで埼労連が築いてきた埼玉弁護士会とのつながり（すでに埼玉弁護士会は3年連続して、大会への来賓あいさつ、メーデーでの連帯あいさつ）のうえに、5月31日に開催した「オール埼玉総行動」を、1万人を超える参加で、しかも幅広い共闘の上につくることができました。さらに、このとりくみを受けて各地域で40ヵ所を超える、集会、デモ・パレード、宣伝などが広がりました。

県内各地から１万400人が集まった５・31オール埼玉総行動

また、さいたま市で政令市として初めて、戦争法案に対する「慎重審議」を求める決議が、全会派一致で採択されたことも特徴です。埼玉では国会開会中に「国会行動埼玉デー」を継続的に行ってきましたが、「オール埼玉総行動」を前後した位置で、通常は私たちと運動の距離をおいていた実行委員会役員が国会行動に参加し、共産党議員団とも連帯するなどの変化も生まれています。

(門田) 広島でもたたかいが大きく広がっています。7月12日の集会には、主催者の予想を大きく超える４５００人が集まりました。広島県労連もメーデー参加者数を超える８００人が参加し、戦争をさせない１０００人委員会に結集する連合のみなさんやベビーカーを押すお父さんやお母さんとともに集会を大いに盛り上げました。広島県の北部、人口３万７０００人の庄原市で自民県議の呼びかけ（1人を除いて市議も賛同）で「ストップ・ザ・安保法制庄原市民の会」が発足し９００人の集会を成功させ、１ヵ月間で署名を１

万3200筆集めました。県労連が「安保法案の撤回」を陳情し、意見書が採択されたことも、この運動を後押しするかたちとなりました。

また庄原市は、「公契約条例の制定を求める意見書」採択を行っています。これは全建総連や広島県労連が長年求めて来たものです。意見書には「労働環境の保護、市内労働者の育成により、地域経済の活性化をめざすべきであり、市民に質の高いサービスを提供するためには、本市の実情に即した公契約条例の制定が必要であるという結論に達した」とあります。このように市民を大切にし、市内の業者・労働者を大切にする議会のまじめさが公契約条例とともに、安保法案反対の姿勢にも現れています。呼びかけ人の自民県議は「本日の集会は水滴かもしれないが、それが集まれば大河となり、法案撤回できる」と訴えました。未来の切り拓くのはこの「つながり」であり、その可能性は無限大です。

（中村） 江東区でも新たな共同が広がっています。宣伝行動は、大運動実行委員会（共同センターと同じ）が担っていますが、戦争立法反対のとりくみを広げようと、都知事選で宇都宮さんを応援した市民グループや個人、「脱原発こうとう」に参加する人たちやママさんグループ、それに私たち労働組合の代表者などが名前を連ねて「戦争法案ぶっ潰せ江東行動実行委員会」がつくられ、400人を集めた屋内集会と1000人パレードを連続で開催したり、ショッピングセンター前でのロングラン宣伝、2回目のパレードを行うなど運動が広がりました。1000人が集まる集会は久しく開催できず、どんなにがんばっても400人で頭打ちだったのが、いままで集会などに参加してこなかった人たちの姿がありました。パレードは沿道を行く人たちからも歓迎され、居酒屋の女将さんが団扇で扇いでパレードを激励してくれたり、「がんばって」と声をかけてくれる人など「これまで

戦争法ぶっ潰せ江東行動1000人パレード
（2015年７月25日）

と違う」とパレードする人も声援でこたえていました。江東区は保守的な地域で区長も日本会議に参加する改憲派。それでも教科書採択では育鵬社の導入を阻み、地域での共同が大きく広がってきていることを示しています。

(寺間) ありがとうございました。みなさんの話をお聞きしてかつてない規模の創意あるたたかいが地域から湧き上がっている様子がよくわかりました。

《組織の強化と次世代の育成》

(寺間) 全労連の初級通信教育である「わくわく講座」が好評で全国で学習活動が活性化していますが、組織の強化のためにも学習・教育活動は重要です。地域における学習・教育活動の特徴や次世代リーダー育成について話してください。

(宍戸) 先ほど労働学校の話を少ししましたが、県本部レベルでものごとを考えると、「県本部の幹部がでてくれれば、格好がつく」というとりくみで満足してしまい成功しませんでした。「どうやったら運動の重心を地域に落としていけるのか」ということが、「労働学校ができる地域」という問題提起になりました。

政令市のさいたま市に、さいたま地区労があって、14年にはそこで労働学校をやりました。夜の講義を6回。哲学を2回、経済学を2回、労働運動を2回で、なおかつ補講もやりました。地区労の議長は教組の出身ですが、「現役の時には校長になれなかったけど今回はなれた」とはりきりました。40組合ぐらいにオルグをやりました。「こういう学習をやらないと若い人が育たない」「いい企画をやってくれてありがとう」と行くたびに激励をされるので、オルグに行った方が元気になって帰ってきました。当初は「30人学級」をめざしていましたが、実際は50人弱ぐらい。しかも受けるのに4000円払うわけです。校長先生が学食でおにぎりを出したり、学級新聞をつくったりしました。こういうことを見ていると若い人の中で、「なぜ労働組合が必要なのか」などを学びたいという意欲が非常に高いと感じました。この労働学校を見て、「うちの地域でもやってみたい」というところが出始めています。若い人の学びたいという意欲に、私たちも依拠しながらがんばっていきたいと思います。

全労連「わくわく講座」の学習会（江東）

（出口） そもそも、労働組合の必要性や魅力、運動を語るのに、労働組合の役員以上の適任者などいませんよね。そういった課題では、「講師は自前」を徹底しています。14年5月に行った労働学校は十数年ぶりの開催ということもあり、まずは講師が試験を受けようということで、黒澤議長や私が青年協の役員に事前にプレゼンをして「ダメだし」をされました。当事者に伝わらなければ、ただのアリバイか自己満足ですから。そういう意味で、いま一番鍛えられているのは、私たち執行部かもしれませんね。

春闘討論集会のあり方も抜本的に変えました。これまでは学者先生を呼んで、世界的な経済情勢などを話していただきましたが、13年からは参加型にしようと、寺間さんにコーディネーターをしていただき、パネルトークを組合員がやりました。「組合の学習会に来て初めて楽しいと思った」という感想もたくさん出されました。私たち自身が当たり前と思っているやり方を変えれば、まだまだ広がると思います。

それはデモや集会のあり方でも同じです。デモのやり方一つとっても、ラップやサウンドデモに対し、先輩たちは口々に「違和感」があると言います。でも、それでいいと思っています。過去に、中学生がデモに飛び入りで参加して「マイクを握る」なんてことはありませんでした。やり方を変えるだけで、訴えや、呼びかけが届くんですよ。いままで、自分たちの訴えが届いていなかったところにも。国会開会日には東京をマネて、ブルドーザーでデモをやりましたが、ツイッターで参加をしてきた人もいました。要求の正当性は大事ですが、運動のスタイルやアピールの仕方を変えるだけでも、私たちの運動はもっと広がる可能性があると確信しています。地域で運動をしていく時に大事なことだと思います。

（中村） 先ほど宍戸さんが、埼労連では「労働相談や組織化ができる」

「労働学校ができる」「レクができる」「ローカルユニオンの支部ができる」地域を目指していると話されましたが、私たちのところにも青年部があります。いまは、どこも次世代の執行部の担い手が、昔に比べて潤沢ではありません。それが課題だと思っています。ではどうすればそういう人が生まれてくるのかと考えれば、学びと交流だと思います。私たちのところでも、青年部プラスアルファの10人ぐらいで、1ヵ月1回・1期12回の講座的な労働学校をやっています。15年はその流れで「わくわく講座」を受講しています。少しずつでも学習をして、世の中のことや、労働のことがわかる活動家をつくっていきたいと思っています。

（門田）広島では、13年10月、15年2月に全労連『組合員教科書』を使った初級学校を実施しました。先輩組合員に連れられた20歳代、30歳代の組合員も多く参加しました。「労働者の権利を守るためにも権利を知ることが大切」「職場内に組合員を増やす必要性を実感した」などの感想をいただいています。15年6月に開講した全労連「わくわく講座」には、「まず幹部が受講し仲間に広げよう」を合い言葉に幹事を中心に80人以上が受講しています。学びの習慣を広げていきたいですね。

また、全労働者の4割に迫る非正規雇用労働者の問題や青年・女性の貧困を考えることも大切です。

県労連では「パート・臨時嘱託労組連絡会」「青年部」「女性センター」のそれぞれの特性を活かし、「みんなが立ち寄れる、楽しい企画」をめざし、未組織労働者の組織化・要求実現につなげていきたいと考えています。

《おわりに》

（寺間）限られた時間にもかかわらず、みなさんから問題提起にも噛みあわせて貴重な発言をいただきました。冒頭、申し上げたように、安倍自公政権による新自由主義・構造改革による暮らし破壊は、具体的には地域という生活基盤のところで現れており、それとたたかううえで地域の共闘や地域労働運動の存在意義は大きいですね。地域ユニオンには、非正規の青年・女性たちの結集がすすんでいます。先ほど紹介された北海道のＮＴＴの3人の原告は若い女性たちでした。マツダのたたかいでは、松下ＰＤＰの偽装請負で最高裁不当判決が出されていたのに対し、連帯してたたかった結果、広島高裁で労働者側全面勝利の和解決着をかちとりました。

それも地域からのたたかいの成果だと思います。人や予算のことは課題としてあるけれど、地域にはベテランのオルグがいて運動を守り発展させている。門田さんが触れた広島の土砂災害の問題でも潮流を越え若者たちのボランティア活動が活発に行われている。災害や地球環境問題などに対しては青年らの正義感を爆発させて一緒にやっている。それらが地域運動を発展させていく大きな力になっていると思います。

学習のことは、宍戸さんが語ってくれて嬉しかったのですが、今回の『実践労働組合講座』全3巻の出版は、全労連の初級教育制度「わくわく講座」という基礎教育からさらにレベルアップして学習してもらうという企画の一環でもあります。全労連の教育制度にマッチングさせたかたちで学習を強めたいと思います。

労働法教育はとても重要です。私は年間で1000人近い人と対面での労働相談にのっていますが、基礎的な労働法の知識がない。残業代不払いと主張する人もメモやタイムカードがあればいいのですが、何もないので証明すらできない。ある労働組合のアンケート調査によると、労働組合の改革に何が必要かという設問で、一番は、「組合役員にわかりやすく本音で語って欲しい」という回答でした。組合活動家はきちんと本音で語ることが大切です。そのアンケートでは、組合活動に関心があると答えた人が、98年では24歳以下では26％だったのに対して10年には45％くらいまでにあがっていることに未来があります。一方、NHKの「日本人の意識調査」では、労働条件に強い不満が出た時どうするかという設問に対して、73年では「労働組合をつくる」を選んだ人が31％いましたが、直近の13年には18％まで落ちており、団結権を憲法上の権利と考えている人が73年の39・4％から13年には21・7％と、労働組合の組織率に比例して減ってきています。

その点で、従来型のスクール形式の学習も大事ですが、出口さんが話された参加型の学習形態にどう工夫し改善していくかが一つのカギでもありますね。北海道では、春闘討論集会に首都圏青年ユニオンの河添誠さんなどを呼んで、出席者がさまざまなかたちで参加し、うまくコーディネートしながら全員が発言する。クイズ形式でイエス、ノーでみんなが手をあげるとかアイデアを出しあい、知恵を出しあい、支えあって交流の深まりを実感してきています。青年の正義感に依拠しながら新たな創意工夫ある運動が生まれているのです。

戦争法案反対のたたかいは、地域から国会へとかつて経験しないような大きな共同が盛り上がりましたね。全労連の活動スタイルは、民主団体や広範な地域住民などと連帯した社会的な労働運動であって、社会運動ユニオニズムのたたかい方です。私たちがこうした位置づけをしなくても、中村さんが話されたような社保協や地域の民主団体などいろいろな組織と共同して展開してきた運動は社会的労働運動そのものだったと思います。職場・企業内のとりくみで足りなかったところは軌道修正しないといけなくて、それは出口さんが紹介した北海道での苦労だったのですが、一方で企業内に閉じこもった労使関係だけではいけないという問題意識が大切だと思います。

地域のとりくみを基礎にしながら政治的・社会的にも全国的、国際的な問題意識を持ってとりくむことが必要です。この視点で全労連が提起している「憲法をいかし、安全・安心社会をめざす大運動（全労連大運動）」を地域から大きく展開していきましょう。

もう一つ、労働組合運動の原点として、短期間で組合員770人までに前進した東京のコミュニティユニオン（CU東京）が前面に押し出している労働者の共済制度などを活用しながら実利実益を重視したとりくみも大切です。地域労働運動への共感が広がっている中で、派遣・パート、非正規などの労働者が、職場がどこに変わろうとも労働組合の共済には継続して加入しているというようにしていくことが、個人加盟ユニオン運動の継続と発展につながると思います。

幸い地域ユニオンは連合にも全労連、全労協にもありますね。地域ユニオンは、出口さんが北海道での経過を語ってくれたように、「全労連は誰のためのセンターか」から出発し、いろんな人のサポートを得て前進しています。ナショナルセンターが個人加盟ユニオンの運動とたたかいを支え、全国的なネットワークづくりを援助するなら「新しい組織化」の可能性がさらに開け、次世代問題に直面している労働組合の諸活動の活性化につながります。大きな転換点を迎えた情勢のもとで、今後ともお互いにがんばっていきましょう。

今日は、ありがとうございました。

【編集】
全国労働組合総連合（全労連）
〒113-8462　東京都文京区湯島2-4-4　全労連会館４階
TEL 03-5842-5611　FAX03-5842-5620

労働者教育協会
〒113-0034　東京都文京区湯島2-4-4　全労連会館５階
TEL 03-5842-5642　FAX03-5842-5645

【執筆者】（五十音順）
小田川 義和（全労連議長）
寺間 誠治　（労働者教育協会常任理事）
原冨　悟　（労働者教育協会常任理事、元埼労連議長）

【「講座」編集委員会】（五十音順）
岩橋 祐治（全労連常任幹事）
小田川 義和
佐々木 昭三（労働者教育協会常任理事）
寺間 誠治

実践労働組合講座　第３巻
地域労働運動と新しい共同

2015年11月30日　初版　　定価はカバーに表示

全労連・労働者教育協会 編

発行所　学習の友社
〒113-0034 東京都文京区湯島２－４－４
TEL 03(5842)5641　FAX 03(5842)5645
振替　00100-6-179157
印刷所　㈱かんきょうムーブ／㈱太平印刷社

ISBN978-4-7617-1123-8 C0036

実践労働組合講座　全３巻

全労連・労働者教育協会　編

各巻　本体 1300 円＋税

第１巻　労働組合の活性化と日常活動

労働組合の基礎単位である単組・支部の活動に焦点をあて、豊富な実践例とともに運動の活性化、打開の方向を考えます。

第２巻　労働者の権利と労働法・社会保障

私たちが人間らしく働き生きるために、労働組合に団結してたたかうために、労働法と社会保障の基本について学びます。

第３巻　地域労働運動と新しい共同

「全労連運動の宝」である地域労働運動の歩みと到達を学び、草の根から新しい共同をどう前進させていくかを学びます。